希望之光——

台灣神明的故事

葉倫會◎編著

臺出版社

序

客家大老 溫送珍

▲ 樂善好施的溫送珍先生

兒時常隨父母到住家附近的廟宇祭拜神明，十五歲到台北創業，二十歲入伍當兵，母親都向關聖帝君祈求香符，保佑平安，事業順利，父母對子女的愛，神明帶來保佑的希望，雖然過去一甲子了，仍然歷歷在目。

到台北創業初期，倘遇到疑難問題，最初，回苗栗故鄉稟報老家附近廟宇的神明，並祈求指點迷津和保佑；台灣光復後，承友人推荐，到內湖碧山巖開漳聖王廟祭拜，因為開漳聖王的保佑，從事的工作都極為順利，開漳聖王廟改建時，捐助樑柱做為回饋，並經聖王同意，迎回聖王的神像在家中供奉，每年聖王聖誕時，再回廟進香，凡創業投資或家中大小事務，都向聖王稟報，蒙聖王暨眾神明的庇佑，不論個人的事業或家人的生活都平安順利，每次祭拜神明後跟隨而來的新希望，是充實生活的主要泉源。

承各方神明的保佑，個人的事業有一點點的成就，進而認識許多好朋友，獲得各界的愛護。行有餘力時，常想到司馬溫公：「積福以遺子孫」的訓示，因為廟宇是提供人們信仰，為信眾帶來希望的地方，而神明對信眾的保佑又一視同仁，故回饋神明成為首要選項，在國內外旅行時，常到廟宇參觀，屢蒙神明指示做合宜的捐贈，如獨資捐助四川樂山大佛前凌雲寺大雄寶殿的重修經費，樂山大佛前觀佛樓的興建費用，蘇州寒山寺捐助香爐等；國內新竹枋寮義民廟、彰化八卦山大佛暨其他廟宇的香爐、龍柱或鐘鼓樓的捐獻，冥冥中似乎都有神明的啟發與指示。看到慈濟功德會無所不在的救助苦難，心響往之，毅然的將位於基隆的一萬多坪多土地捐出，讓慈濟功德會做更有意義的用途，造福更多朋友，一起發揚觀世音菩薩聞聲救人的偉大感召。

好友葉倫會先生關心台灣的發展，蒐集台灣主要神明的故事，每個故事都有豐富的生命，拜讀之餘，發現每篇文章都極具啟發性，讓讀者從心靈深處帶來新的希望，提升生活品質，進而改善社會的風俗，故樂意為其作序。

序

佛光大學歷史所教授 卓克華

人類賴以生存的地球，已遠遠超過50億年以上，芸芸萬物，棲息在此，更不知凡幾。其中號稱萬物之靈的人類，不僅主宰萬物恣肆狂妄，反諷的是居然也創造出主宰自身的「神明」，迺有拜物、汎神、多神、二神、一神等等不同的宗教信仰。我國廣土眾民，一向宗教信仰自由，是個富有造神傳統的國家，尤其南方自古以來便是個「尚淫祠信巫鬼」的地區，這當然是從官方立場而言，也是經過一番比較對照而來的刻板印象，於是乎整個大地充滿著眾多的神鬼仙佛的世界，可謂時間久遠，品目齊全，數量驚人。

▲ 卓克華教授演講宗教的神明

臺灣自不例外，不單憲法規定人民有信仰宗教的自由，甚至常出現「跨教」信仰的普遍社會現象，因此在臺灣部份寺廟中有著五教（儒釋道耶回）神像共同並排供奉，任憑信徒膜拜，俗云「三步一小廟，五步一大廟」、「逢廟上香，遇神便拜」呈現一片紛雜亂拜的自由風氣，令人匪夷所思。神鬼信仰，若視為一種社會文化現象解讀，是我們民族心理和民俗習慣的一種反映，說穿了不外乎避凶趨吉、平安植福，除災消厄的心態反映，這種功利現象態度也無可厚非，更何況信徒多半能遵守各派宗教的教義。

但這究竟不是正常現象，尤其拜神而不知神明來歷，更是愚信，有見於此（葉）倫會兄提筆寫了本書，介紹臺灣大眾比較熟悉比較常拜的聖神仙佛由來，讓俗信大眾有了一個比較清楚明白的知識，作為信徒的參考。書成，囑咐我寫個序，恭敬不如從命，隨手拉雜寫來，不成文章，湊個熱鬧，權充為序，就此停筆。

序　神明是希望之光

葉倫會

▲ 葉倫會

出身桃園濱海鄉間，這是一個民風純樸的農村，父母從小就教育我們舉頭三尺有神明，做任何事時，都應該想到冥冥中有神明在觀看，善惡都有神明的護佑或報應，這份力量讓我們不怕黑暗，敢於在遭遇挫折時勇往直前，因為神明最後終究會站在正義的一方。年紀稍長，每年的母親節，聽到：「因為上帝不能無所不在，故創造了母親。」，進而了解，不論那個宗教，都有一個或一群至高無上的神，在天上保佑著默默奉獻的人，宗教及信仰神明是安定社會的主要力量。而每個人的生命過程，也

葉倫會導覽大稻埕街攝影巡禮出發留影（2006年）

▲葉倫會接受台北市立成功中學鄭英敏校長頒發傑出校友獎(2005年)

似乎由其所信仰的神明默默的予以安排。

1997年擔任大稻埕逍遙遊導覽義工，接觸台北霞海城隍廟的神明 —— 城隍爺。由這個保佑大稻埕，讓商家賺大錢的神明開始認識台灣各地的神明，發現不同的神明，在不同的地方有其特殊的定義，並且隨著時代的演變而有新的詮釋，早期，各地方的居民有固定的保護神，但神明終究是神威普照，運用大愛的大量，給予祈求者希望，因為這份希望，鼓勵信徒認真打拼，因為有這份希望之光，讓社會越來越進步，我們生活的環境愈加安定與詳和。

這本書能夠出版，要感謝的人很多，家人支持長期擔任大稻埕逍遙遊暨大稻埕老街攝影巡禮導覽義工固然是重要的原因，惟更多識與不識朋友的支持與鼓勵，是主要的力量，因為有這麼多樂於分享與奉獻的朋友，才讓生長在這塊土地的人，保有一顆進取的心，使台灣的進步受到世人的重視，事實上，我們的每一步腳印都有神明的庇佑。

承溫送珍先生的鼓勵，才有勇氣出版這本書，又承卓克華教授賜序，惟才疏學淺，疏漏之處，尚祈方家不吝賜正。

目錄

宗教與信仰

自有人類以來，宗教信仰便是精神生活中的重要寄託，雖然科學與物質不斷的進步，但無法取代宗教給予人們心靈滿足，在現實的世界，甚至因為科學與物質文明的提升，反而讓大部份人的心靈與精神層面相對的顯得貧乏。

宗教可以淨化個人心靈，啟發善念，具備安定社會人心的力量。宗教團體利他的奉獻精神，讓社會充滿溫情，同時讓教化人心的廟宇或教堂，成為信仰中心。台灣自古以來就是移民社會，在不同族群的互動過程中，發展出豐富的宗教活動。

佛、道教的神明各俱特色，除神明的造型各俱風貌，建築名稱亦俱有所區別，大部份佛教廟宇稱作寺，寺在古代是官舍，即官吏休息的驛站，東漢明帝為迎竺法籃等二僧而建白馬寺，經過長期的演變，佛教徒出家的地點被稱為寺院，《晉書》卷95〈藝術傳·佛圖澄傳〉：「百姓因澄故多奉佛，皆營造寺廟，相競出家，亦稱為寺院」；廟是供奉神明的地方，古時用來祭祀祖宗的屋舍，廟除了供奉祭拜的神明和祖先外，僅住有廟祝不住一般人；宮是帝王的住所，如皇宮，祭祀神明或祖先的地方亦稱宮；庵則多做為女性出家人清修的地方。

漢人到台灣墾拓時，都會帶著地方的守護神，待稍為安頓後，即建廟供奉，不論平時或族群械鬥時，廟宇都是信仰中心也是凝聚力量的地方，當械鬥告一段落，為表示族群融合的誠意，廟宇會供奉不同族群的守護神，另外也供奉不同功能的神明，讓同一間廟宇祭拜多種神明成為特色。因為國人對宗教信仰向來採取開放的態度，不論來自境外的天主教、基督教、回教，或本土固有神明，都平等對待，例如民間信仰中又有許多不同類型的神明，甚至一間廟宇祭祀的神明，分別來自不同原鄉的守護神，這種相互包容的現象，也是台灣多元化社會的縮影。

戰後以來，政府對宗教及寺廟的態度是：以服務代替管理，興利大於防弊的原則，提升其行政效率，使宗教活動對社會做出更大的貢獻。台北市的主要宗教有天主教、基督教、回教、天德教、道教、一貫教、理教、佛教、巴哈伊教、天理教及各類型民間信仰，十分豐富多元，形同一個宗教的櫥窗。

為使社會大眾，對台灣傳統宗教現況有概略的瞭解，謹將常見重要神明的發展沿革整理成篇，讓大家從事或參與宗教活動時，對祭拜的神明有較深刻的認識。

希望之光——台灣神明的故事

佛教

佛教

釋迦牟尼

釋迦牟尼是佛教的始祖，又稱釋迦如來、世尊或釋迦佛祖，民間簡稱為佛祖或佛陀。釋迦是族姓，意為能仁，牟尼是印度古代對聖者通用的尊稱，意為寂默。西元前565年4月8日，生於迦毗羅衛城，父淨飯王，本名悉達多，尊稱釋迦牟尼，意為釋迦族的賢人，也是佛教的教主。

▲ 震旦藝術博物館——佛祖雕像

釋迦牟尼 ▶

▲ 台灣省城隍廟──釋迦牟尼

▲ 台北法華寺──釋迦牟尼

釋迦牟尼16歲娶妻耶輸陀羅，育子羅侯羅。後來領悟到生老病死的痛苦，遂有出家解脫的心意，有一天，在尼連禪河沐浴，得牧羊女供養乳糜，到菩提樹下端身正念，誓願：「今若不證無上大菩提，寧可碎是身，終不起此座。」經過49天，12月8日黎明，目睹明星而開悟，被尊為佛陀，意譯為自覺、覺他、覺性圓滿，能覺悟世間的一切道理。

觀世音菩薩

菩薩是梵文音譯菩提薩垂的簡稱。菩提是覺悟，薩垂是眾生。古代的佛經把菩薩譯為開士、大士、聖士、法臣，如稱觀世音菩薩為觀音大士，普賢菩薩為普賢聖士。

▲ 觀世音菩薩畫像

觀世音取自佛經梵文，意思是觀察眾生的疾苦並予以拯救，是佛教最受崇拜的菩薩。又稱大士、觀自在、觀世音、觀音菩薩、觀音媽、觀音佛祖、觀音大士。觀世音菩薩原為阿彌陀佛的脅侍慈航尊者，不忍眾生墮入六道輪迴，發慈悲之心，化身女子以濟渡眾生。妙法蓮華經說觀音佛祖能現33化身，救12種大難，對所有的眾生一視同仁，如果有難，喊祂的名字，便會前來救助，故有：

▲ 台灣省城隍廟——觀世音菩薩

▲ 新竹長和宮──觀世音菩薩

「唸一聲觀世音菩薩，就能解一場憂」，是民間口耳相傳的救苦救難、消災解厄的神明，唐朝因避唐太宗李世民諱，改稱觀音。

台灣民間視觀世音菩薩為救苦救難的神明，早期在民間認為觀音會送子，孩子出生後，亦會拜觀世音菩薩為義母，俾保佑其平安健康，加上法力無邊，信眾極多。

▲ 善才童子

▲ 松山慈濟功德會──觀世音菩薩

觀世音菩薩的生世有兩種傳說。一說觀世音菩薩本為印度國王的長子，名叫不煦，和父親及弟弟隨釋迦出家修行，後來釋迦牟尼佛給他父子改了名，父親稱阿彌陀佛，兩個兒子分別叫觀世音和大勢至。觀世音在左，掌慈悲門；大勢至在右，掌智慧門，共同襄贊阿彌陀佛，合稱西方三聖。另說，印度妙莊王18年2月19日，王后伯牙氏夢日入懷，產下一女，取名妙善，妙善自小葷乳不食，喜佛學；妙善長大後，妙莊王欲為其招駙馬，妙善不從，後來到白雀寺修行，妙莊王放火燒寺，妙善刺血化紅雨滅火，又遭刀禍、紋刑都沒有死，由白虎背負遊歷地府，步步生蓮花，救渡無數苦難鬼魂，後來到香山修道9年，適值妙莊王染惡疾，妙善自願剜目斷臂救助父親，並渡母、胞姊，後因功果圓滿，受封為「大慈大悲救苦救難南

無靈感觀世音菩薩」。善才、玉女是觀世音菩薩的左右隨侍，傳說善才是牛魔王與鐵扇公主的兒子紅孩兒。

觀世音的生日為農曆2月19日，得道日是農曆6月19日，昇天日為農曆9月19日，信徒為表達對觀世音菩薩的虔誠信仰，於2月或6月1日至19日止吃素，俗稱觀音素。

▲ 觀世音菩薩與隨侍

▲ 南港富南宮──觀世音菩薩

文殊菩薩

文殊菩薩的梵文**Manjushri**，音譯文殊師利、曼殊室利，意譯為妙德、妙吉祥。相傳文殊菩薩生於古印度舍衛國婆羅門之家，後來追隨釋迦牟尼出家學道，立誓以卓越的智慧遍及宇內，引導眾生探索自我，追求真實的本質。是佛陀的大弟子，智慧、辯才第一，象徵智慧的菩薩，稱大智，手拿心經和智慧劍，拿心經的手環繞著蓮花，代表智慧無盡，高舉寶劍代表智慧，能斷除一切無明。和觀音大悲、地藏大願、普賢大行並稱四大菩薩。文殊菩薩騎著象徵威猛的青獅，在釋迦牟尼左邊。我國廟宇大門設有石獅係隨著佛教東傳而來的產物，石獅的造型俱教化人心的作用，故不同時代，造型代表的寓意亦有所差異。

佛教以觀音菩薩代表慈悲、文殊菩薩代表智慧，普賢代表力行。佛教常將釋迦牟尼、文殊菩薩和普賢菩薩合稱釋迦三尊。另外，文殊菩薩與毘盧遮那佛、普賢並稱華嚴三聖。

◀ 文殊菩薩

▲ 慈祐宮的石獅

普賢菩薩

普賢菩薩又叫作遍吉菩薩，將佛門推崇的善，普及到世界每個角落。阿彌陀佛為轉輪王時，普賢菩薩為第八王子泯圖，在寶藏佛前發願，要修菩薩行救度眾生，同時教化無量菩薩，令他們心地清淨，寶藏佛即將泯圖改號為普賢，並授記他在北方知水善淨功德世界，圓滿成就無上正等正覺，佛號為智剛吼自在相王如來。普賢與文殊菩薩是釋迦牟尼佛的侍從。普賢菩薩騎白象隨侍在釋迦牟尼的右邊。文殊顯智、慧、證，普賢顯理、定、行，共同闡釋佛陀慈悲與智慧的境界。

▲ 普賢菩薩侍從——大象，有忍辱負重的寓意

民間傳說陸地動物，大象的力量最大，白象能夠堅韌負重，為理德與大行的象徵，因此普賢菩薩時常騎著白象普渡眾生。此外，大象和舜帝的相關傳說亦與宗教相結合，台北芝山岩便有風化的大象石像，早期民間傳說，石像利用黑夜幫助孝子完成農耕，另台北關渡宮面向淡水河處大門亦置石象取代傳統的石獅。

▲ 騎著白象的普賢菩薩，代表具有堅忍的毅力

地藏王菩薩

地藏王又稱地藏王菩薩、幽冥教主。梵文 Ksitigarbha，音譯乞叉底糵（音「播」boˋ）沙，意譯為地藏。

佛經稱地藏王菩薩為「安忍不動猶如大地，靜慮深密猶如地藏。」，指

▲ 南港富南宮——地藏王菩薩

▲ 松山慈祐宮——地藏王菩薩

台灣省城隍廟——地藏王菩薩 ▶

▲ 地藏王菩薩

地藏王菩薩如同大地一樣，藏有許多的善根種子。傳說，地藏王受釋迦牟尼之託，在釋迦寂滅而佛彌勒未下世前，擔起教化天道、人道、阿修羅道、畜生道、餓鬼道、地獄道等六道眾生的責任。此外，釋迦牟尼任其作幽冥教主，管理陰間事務，地藏王菩薩在佛前立下大誓願：「地獄未空，誓不成佛！」，這份慈悲心，讓他獲得廣大信眾的追隨，而台灣的宮廟供奉地藏王菩薩比例似有逐年增加的趨勢。

據傳唐玄宗時，新羅國（今朝鮮）僧人金喬覺泛舟到中土九華山修行，得到閔姓山主的捐助，修建佛寺，開闢道場。閔姓山主及其子道明先後隨喬覺出家，數十年後，金喬覺坐化，而肉身不壞，被認為是地藏菩薩的化身。而九華山亦被認為是地藏王菩薩的道場，與普陀、五台、峨嵋共稱佛教四大名山。

▲ 地藏王菩薩

韋馱護法

韋馱天，梵文Skanda，為「陰天」之意，又名韋馱、韋將軍、韋天將軍、違馱天神、塞建陀天、私建陀天、鳩摩羅、善梵等，有時也稱為韋馱菩薩。從這些不同性質的名稱來看，韋馱護法應是古印度韋馱天、密跡金剛、韋琨將軍等信仰的融合。相傳韋馱本是古印度婆羅門教的戰神，秉性聰慧，以威武勇猛、善走如飛著稱。據傳有邪魔將釋迦牟尼的骨頭搶走，經韋馱奮力追趕將其奪回。台灣佛寺的門神以韋馱、伽藍為主。

▶ 韋馱護法

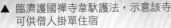
▲ 韋馱護法

▲ 臨濟護國禪寺韋馱護法，示意該寺
可供僧人掛單住宿

法器──金剛杵 ▶

另傳說，韋琨為南方增長天王的八
大神將之一，居四大天王所屬32將之
首，負有驅逐邪魔，保護寺廟的任務，
與伽藍共同為寺廟的守護神，其神像皆
身著甲冑、手持或棒金鋼杵，為表示其
心地純潔，相貌做童子狀。或說，韋馱
護法的神像如果雙手合捧金剛杵，表示
該寺廟可供休息掛單住宿；如果手撐金
剛杵，表示不供掛單住宿。

◀ 韋馱護法，表示不供單掛住宿

伽藍護法

▶伽藍護法

伽藍護法，最初是指波斯匿王、祇陀太子，給孤獨長者及美音、梵音、天鼓、嘆妙、嘆美、摩妙、雷音、師子、妙嘆、梵響、人音、佛奴、頌德、廣目、妙眼、徹聽、徹視、遍視等21位，是佛寺的守護神，負有保衛寺院的責任，後來演變為佛教的護法神。

◀ 伽藍護法

傳說 公元592（隋朝開皇12）年，天台宗祖師智者大師建精舍於玉泉山，有一天，他跌坐入定，忽然天地晦冥，風雨怒號，妖怪倏變，只見關羽顯靈，率其鬼神眷屬現出種種恐怖景象，以擾亂智者大師。大師面無懼色，並斥之為死生輪迴、貪貴戀福，言畢，妖象俱變，是夜，雲開月朗，關羽現身，經大師教化後，向智者大

▲ 伽藍護法

師求授五戒，正式成為佛門弟子，並且誓願作為佛教的護法。此後，這位三國時代的的英雄人物遂成為佛教寺院的護法神。

◀ 台灣省城隍廟──伽藍護法

阿難陀尊者

▲ 阿難陀尊者

阿難陀尊者容貌端正，面如滿月，眼如青蓮花，身光淨如明鏡，博學強記，出家20餘年間，擔任佛陀的常隨侍者，被譽為多聞第一。文殊菩薩稱讚他：「相如秋滿月，眼似淨蓮花，佛法如大海，流入阿難心。」，釋迦牟尼稱許阿難：「發心、莊嚴、慈悲，出家以來都攝六根，日夜精進，正智成就，他日必能盡形壽梵行清淨，紹隆佛種。」

▲ 松山震旦藝術博物館——
阿難陀尊者

目犍連尊者

目犍連尊者被認為是釋迦牟尼諸弟子中，神通最高強者，常利用神通幫助釋迦牟尼教化眾生。他得知釋迦牟尼家族有遭滅族罪業之報，以神通進入迦毘羅城，用缽將500位族人裝起來，在神不知鬼不覺的情況下出城，到達安全的地方，打開缽時，只剩一灘血水。目犍連尊者因而了解因果法則有不能違背的原理，即神通再高強，亦敵不過業力。後來因為宣揚佛法，且為了不違背因果而犧牲生命。

▲ 松山震旦藝術博物館──目犍連尊者

十八羅漢尊者

羅漢是梵文阿羅漢的簡稱，佛教認為修行的功夫不同，取得的成就也有高低之分，每一種成就叫一個果位，修行到一定層次，得以永住世間護持正法，稱為羅漢。據傳釋迦牟尼涅盤時，身邊有16羅漢。佛教東傳後，增添為18羅漢，新增羅漢為降龍羅漢和伏虎羅漢。歷經演變，羅漢人數不拘，常見16羅漢、18羅漢、500羅漢等。事實上，只要多做善事，能為社會創造出正面的價值，每人都可能成為羅漢。

◀羅漢

▲ 新竹城隍廟──十八羅漢

◀ 羅漢

▲ 羅漢

新竹城隍廟──十八羅漢

◀ 羅漢

▲ 羅漢

▲ 羅漢

十八羅漢分別為：彌勒尊者、達摩祖師、志公禪師、降龍尊者、目蓮尊者、飛杖尊者、開心尊者、進花尊者、梁武帝君、獅子尊者、長眉祖師、伏虎尊者、洗耳尊者、弄鈸尊者、戲笠尊者、進燈尊者、進果尊者、進香尊者。

希望之光——台灣神明的故事

道教

道

教

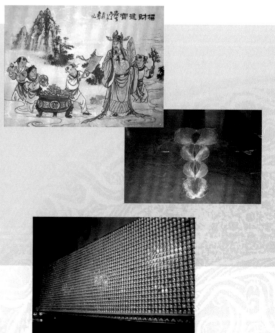

玉皇大帝

據說玉皇大帝是三清化身的第一位神明，就是大家最崇敬的天神，居住地為玉清宮，尊稱為玉皇大天尊玄靈高上帝。民間信仰視玉皇大帝為神仙世界的領導者，有如人間的皇帝，語云：「天上有玉帝，地上有皇帝」。掌管天界、地界、水界，即一切神、佛、仙、聖和人間、地府的事都歸他管轄，亦稱天公、天公祖、玉帝、玉天大帝、玉皇、玉皇上帝，因為被視為眾神的主宰，廟宇通常將其供奉於凌霄寶殿。北宋真宗夢見玉皇大帝，封玉皇大帝：「太上開天執符御歷含真體道玉皇天帝」，簡稱玉皇大帝。西遊記第七回，佛祖說他自幼特苦，歷經1750劫，每劫12萬946百年，修成正果後，被奉為玉皇大帝。

▲ 南港富南宮——玉皇大帝(最高者)和三官大帝

▲ 松山慈祐宮─後殿頂樓屋簷天宮的故事

玉皇大帝上掌33天，3千世界，各部神仙，下轄72地、4大部州。唐宋以後，玉皇大帝的塑像或畫像才逐漸定型，一般身穿九章法服，頭戴十二行珠冠冕旒，手持玉笏，旁邊是金童玉女，類似秦、漢時代帝王的打扮。農曆正月初九日是玉皇大帝的聖誕，俗稱天公生，為對玉皇大帝表示敬意，拜天公時，除原有供桌外，還要再擺小供桌，稱為頂桌，形成上下桌的祭祀方式。據傳玉帝茹齋禁葷，頂桌僅能供奉五果六齋、紮紅繩的麵線、清茶；下桌供奉三牲五醴和紅龜粿（雞須為閹雞或雄雞），做為祭祀玉帝左右侍從的祭品。舉行重大祭典時，要殺豬公，以表隆重。

神農大帝

▲ 台北保安宮——神農大帝

神農大帝據稱是炎帝，與伏羲（天皇）、神農（人皇）並列三皇。神農氏姓姜，以火德王自居、故稱炎帝，中國人自古稱炎黃子孫，即源於此。三歲就知農業莊稼之事，精通農業，故稱神農氏。

神農大帝認為人類吃五穀雜糧，難免有生老病死，因為欠缺醫藥常識，頗多很早就死亡，他就親自體驗，並嚐百草，因為有琉璃肚、曾經一日遭遇70毒，惟都被其化解，故被尊奉為藥師琉璃光王佛，中藥界尊為藥王。宋太祖為神農大帝建廟塑像奉祀，並配持穀穗一束。因親嚐百草，製醫藥，發明農具，教人耕耘種植，讓百姓免於饑餓、病苦，被尊為五穀先帝。先民到台灣墾拓初期，以農耕為主，為祈求收穫豐富，居家平安，視神農大帝為守護神，如桃園縣新屋鄉范姜家族就建有長祥宮，供奉其先祖神農氏。

▲ 三重先嗇宮——神農大帝

▲桃園縣新屋鄉長祥宮號稱
台灣室外銅製最大五穀先
帝重約60頓

盤古爺

盤古爺又稱盤古公、盤古至尊、盤古大帝。傳說宇宙原屬混沌、漆黑的空間，沒有天地與日月星辰，惟孕育了創造宇宙的盤古。盤古睡了一萬八千年，醒來時，覺得渾身不自在，於是舒展筋骨，只見胳膊一伸，雙腿一蹬，空間因而增大，但四面八方依然是漆黑一團、混沌難分，

▲ 新店開天宮──盤古帝王；後為盤古帝王石碑

於是掄起拳頭就砸，抬起腳就踢，將原來混沌的黑暗慢慢分開。輕（清）的部分（陽）冉冉上升，變成藍天；較重（陰）的部分漸漸沉降，變成大地。最初，盤古用胳膊肘撐著，伏在膝蓋上休息，逐漸用雙手把天推向天空，終於可以將身體挺直，他高舉雙手把天空向上托，慢慢變成現在的天與地，故稱盤古開天闢地。1760年間，郭錫瑠引新店溪溪水建瑠公圳，灌溉台北平野的農地，在新店溪旁挖掘石腔時為求工程順利，即刻置盤古帝王的石碑做為守護神，由工人加以祭拜，近年經地方熱心人士不斷的改建，

▲ 新店開天宮——盤古帝王

不僅是附近居民的信仰中心，也是新店碧潭旁的觀光景點。

盤古耗盡心血開天闢地後，頭變成東山，腳變成西山，身軀變成中山，左臂變成南山，右臂變成北山，像巨大的石柱聳立在大地一般，各自支撐著天的一角；左眼變成太陽，給大地溫暖，右眼變成月亮，給大地照明；頭髮和眉毛變成星星。從此，天上有日月星辰，地上有山川樹木、鳥獸蟲魚，造成天無私覆，地無私載的花花世界。

三官大帝

三官大帝指天官、地官、水官，民間習稱三界公，源自人民對天、地、水的自然崇拜，神格僅次於玉皇大帝，後來演變為監察人間善惡，決定人間禍福的神明。民間以堯、舜、禹為天、地、水三官。據傳，元始天尊口中吐出三官，降生人間，堯帝生於上元，又稱紫微大帝，稱天官，主賜福納吉；舜帝生於中元，又稱清虛大帝，為地官，主解厄；禹帝生於下元，又稱洞陰大帝，稱水官，主救苦。

▲ 南港富南宮——三官大帝，分別為天官、地官和水官

客家人居住地區，若未設三官大帝廟宇，每年農曆十月農作收成後，為感謝神明保佑，會舉行平安戲，答謝三界公。

▲ 萬華青山宮——地官大帝

▲ 萬華青山宮——水官大帝

▲ 老湖口三元宮——天官大帝

玄天上帝

▲ 基隆福林宮—玄天上帝

玄天上帝的全稱是佑聖真武玄天上帝終劫濟苦天尊，又稱北極玄天上帝、玄武帝、北極大帝、真武大帝、真武大將軍、玄天大帝、元天上帝、開天大帝、開天炎帝、真武帝、開天真帝、水長上帝、真如大帝、元武神、北極佑聖真君、元帝、北極聖神君、小上帝等，簡稱上帝公、上帝爺、帝爺公。

古時候，把天上的恆星分成28個星宿，又把28宿分為東西南北4組，每組7個星宿，想像成動物形象。根據五方配五色的說法，東方青龍，南方朱雀，西方白虎，北方玄武（龜蛇）所謂「四象」。《禮記》載：「前朱鳥，而后玄武」，朱鳥是指南方的7星；北方的斗、牛、女、虛、危、寶、壁等7星為玄武，即北斗星。

龜為「四靈」（龍、鳳、麟、龜）之一，蛇被認為有神性的靈物。北方玄武7宿被想像為龜蛇相繼之形。最初，玄武與青龍、朱雀、白虎，同為道教的護法神。漢朝，奉祀玄武真君，歷代帝王封其為真君、帝君、上帝。宋朝，避其祖趙玄朗名諱，改玄武為真武。宋神宗立其為玄天上帝。道教尊玄天上帝為三元都統帥，為萬法教主，統管36元帥。傳說朱元璋起事時，因戰敗，逃入武當山真武廟，避過追兵。即位後，感念玄天上帝救命之恩，下令改建真武廟，重塑金身，賜題「北極神殿」匾額，加封號為玄天上帝。

或說玄天上帝是黃帝時期的王子，幼時修道，長大後不願意繼承王位。後得紫元神君親授秘法，又遇天神授以寶劍，入武當山修練，42年功成，白日飛升。因為統領天兵天將又有戰功，奉玉帝之命，鎮守北方，封為玄天上帝。

民間傳說，玄天上帝是殺豬的屠夫，晚年，感慨殺生太多，難積陰德，毅然隱入深山，修真養性，得觀世音菩薩點化，謂他殺生太多，罪孽太深，必須自切腹肚，取出五臟在河中洗淨方能修成正果。屠夫依指示切腹割出內臟在河中洗滌，河水全部變成黑色，一直洗到河水澄清，才把內臟納回腹中。屠夫的行為感動了玉皇大帝，於是修成正果，而他丟在河裡的腸胃，經吸收天地精氣後，變成龜蛇危害世人，玄天上帝下凡收伏，卻吃了敗仗，於是請保生大帝幫忙，以36天將（36天罡星）作為抵押，借到伏魔北斗七星劍，與龜蛇大戰，劍光起處，龜蛇即被制服，惟若收劍，龜蛇就蠢蠢欲動，只得把龜蛇踩在腳下，運用神功壓住，手上緊握北斗七星劍，至無法將劍歸還保生大帝，36天將即成為保生大帝的部將。龜蛇歷經演變後，變成玄天上帝的侍從神。

玉旨

▲萬華北極府──玄天上帝

047

瑤池金母

無極瑤池大聖西王金母大天尊，據傳住在瑤池，簡稱瑤池金母、瑤池聖母、西王母，俗稱金母娘娘、王母娘娘。史記大苑列傳記載：西王母為古仙人，姓楊或姓侯，名回，一為婉衿，居崑崙。據傳，瑤池金母派徒弟九天玄女幫助黃帝打敗蚩尤，授天下地圖給舜整治國家，遣23女雲華夫人下凡協助大禹治水。戰國穆天子傳，記周穆王西遊見瑤池金母的故事。道教視瑤池金母為元始天尊的女兒，三界十方女子登仙得道者，都歸其管轄。

▲ 瑤池金母娘娘

西遊記記載玉皇大帝封孫悟空為有官無祿的齊天大聖，派他看守西王母娘娘的蟠桃園，因偷吃蟠桃…而演變至大鬧天宮，成為膾炙人口的故事。

地母娘娘

又稱后土娘娘或后土夫人。周禮載：「王大封，則先告后土」；后土神為主宰大地山川之神。漢文帝詔令全國統一祭祀地祇，規定冬至祭太一，夏至祭地祇。漢武帝命令建后土祠，親自祭拜，如上帝禮，歷代帝王，都將后土列入祀典。

唐朝以後，由於國人視天為陽、地為陰，男為陽、女為陰，將后土奉為女神。唐杜佑通典記載，汾陰后土祠為婦人像，民間稱后土娘娘。宋代以後，道教將地母娘娘列為四御尊神之一，掌理陰陽生育，萬物之美與山川之秀。

◀ 艋舺三條路福德宮──地母娘娘

太陽星君

太陽星君原為自然神，古時稱日神，或大明之神，台灣稱太陽公或太陽菩薩，即太陽神。太陽創造溫暖、光明和生命，成為人類崇拜與祈禱的對象，堯命官以春分朝日，秋分餞日，周朝率諸侯朝日於郊，漢朝亦將日神列為祭禮中的八神之一，直至清朝，歷代皆保有拜日朝日之禮，致民間亦虔誠的祭拜。民間祭拜太陽星君的目的，是感謝老天爺賜予萬物成長，黎民百姓得賴以為生的恩惠。

▲ 萬華青山宮──太陽星君

太陰娘娘

▲ 萬華青山宮──太陰娘娘

太陰娘娘又稱月神、太陰菩薩、太陰，如西洋神話的黛安娜。民間信仰把太陰星君視為嫦娥，代表美麗、善良及女性溫柔婉約的優美性格。復因太陰星君是位絕色美女，喜歡有人欣賞，每年中秋節太陰娘娘聖誕時，女信徒可以向太陰娘娘祈求長輩長壽、個人容顏美貌，嫁個如意郎君、早生貴子等，只要平日多做善事，虔誠的加以祈求，就能心想事成。

太上老君

老子姓李名耳，春秋時楚國苦縣厲鄉曲仁里人，任職國家圖書館館長，孔子曾問禮於老子，老子曰：「良賈深藏若虛；君子盛德，容貌若愚。」孔子慨歎這位長者的德行和學問高深莫測：「吾今日見老子，其猶龍也。」。

老子想要到西方隱居，函谷關令尹喜觀星望斗，見天空有紫氣西來，知道一定會有聖人出函谷關，於是請求調任關令。不久，見老子騎青牛緩緩而來，尹喜請老子著書傳世，乃著老子道德經，為道家之祖。道德經云：「生而不有，為而不恃，長而不宰，是謂玄德。」，或說：「天下莫柔弱於水，而攻堅者莫之能勝，其無以易之。弱之勝強，柔之勝剛，天下莫不知，莫能行。」點出了柔弱勝剛強的人生智慧。或說老子高壽160歲，或說200餘歲。

太上老君又稱太清道德天尊，生於無始，起於無因，為萬道之先，元氣之祖。因老子姓李，唐朝以老子為尊，中宗封為玄元皇帝，高宗封太上玄元皇帝，玄宗加封為大聖祖太上玄元皇帝，後改稱大道玄元皇帝。宋朝，有太上老君之名。基隆有座供奉太上老君的廟宇，大門對聯：「聖賢何需拜，奸邪不用來。」呈現太上老君的瀟灑自然。

▲ 南港富南宮——太上老君

道德天尊

南斗星君

南斗星君為五斗星君之一,五斗星君各有職司:東斗星君主計算、西斗星君主記名、南斗星君主延壽、北斗星君主解厄、中斗星君主大魁。

俗云:「南斗註生,北斗註死。」,即南斗星君主延壽,降神於人,名之為魂;北斗星君主解厄,降神於人,名之為魄。搜神記記載:管輅見顏超面帶夭亡之氣,囑其準備清酒鹿脯,於卯日至刈麥場南方,見有二人在桑樹下下圍棋,應恭謹酌酒置脯,若叩問,但拜不言。顏超依言前往,果見二老樹下奕棋,即置脯酌酒,二老下下棋入迷,見有酒脯便自行取用,數巡之後,北邊老者見顏在側,怒叱何故在此,顏但拜不言,南邊老者見狀,以為既飲酒食脯,不可無情,北老取簿籍查看,顏超命數僅19年,南邊老者,取筆一勾改為99歲,顏叩拜而回。顏問管輅二老何人?管答:南坐者南斗星君,北坐者北斗星君,南斗註生,北斗註死。另三國演義69回:管輅散步時看見在田中耕田的少年趙顏,告訴他眉間有一股死氣,趙顏父子哭著跪拜求救。管輅說:「你可以準備淨酒一瓶、鹿脯一塊,

▲ 萬華青山宮──南斗星君

到南山中尋找身穿白袍與紅袍的下棋老人，趁他們棋性正濃時，將酒、鹿脯跪著送給他們，等他們吃完，你就哭著跪拜求他們賜給你壽命」。趙顏聽完後，便聽從管輅的建議，準備好酒和鹿脯前往南山，果然找到了2位下棋的老者，依計行事，果然，原來只能活19歲的趙顏，因此活到了99歲。增加他壽命的人就是穿白袍的北斗星君。祂的外貌十分醜陋，是決定人們死亡年齡的神明。穿紅袍的南斗星君，外貌很俊美，是決定人們生命年歲，兩人生死簿相互吻合，就是人的壽命長短。

北斗星君

北斗星君主解厄，其七宮為天樞陽明貪狼太星君、天璇陰精巨門元星君、天機真人祿存真星君、天權玄冥文曲紐星君、天衡丹元廉貞綱星君、闓陽北極武曲紀星加、瑤光天衝破軍關星君。北斗位處坎宮，降神於人，名之為魄，主要職責乃司理陰府，宰御水源。

▲ 萬華青山宮──北斗星君

北斗七星實為九星，七現二隱，七現之星代表人體雙目、兩耳、二鼻孔、一口，即所謂七竅；二隱之星代表人體的尿道、肛門，人死則九竅不流暢，魄歸地獄、魂飛九天，因此有南斗註生，北斗註死的俗諺。

媽祖

媽祖又稱天妃、天后、天妃娘娘、天上聖母，被認為是仁慈的航海神，傳說媽祖常穿紅色衣服，在海上救助遇難的船隻，民間稱為媽祖婆，是台灣信仰最普遍的神明之一。

▲ 媽祖

媽祖的生平事蹟有多種說法。流傳最廣的是福建省興化府莆田縣湄州嶼人，祖父林孚曾擔任總督，父親林愿，母親王氏，以耕讀傳家，樂於助人，故有林善人之稱，據傳林善人夫婦向觀音求子，因觀音菩薩認為文聖與武聖後，應有一位女聖人，宋太祖建隆元年（960年）生下媽祖，出生至滿月，都不曾哭啼，故命名默娘。

林默娘自幼聰慧穎悟，事親至孝，在莆田被稱為孝女。8歲啟蒙受學，記憶力超強，喜愛清靜，學習誦經與禮佛，能夠預知人間吉凶禍福，幫鄉人解決疑難，尤其對海上天

候的變化、潮汐的漲落，預測得極為準確，漁民出海捕魚前常向她請教海象。宋太宗雍熙4年（987年），媽祖28歲，農曆9月9日，得道升天，湄洲人為感念她的恩德，建廟供奉，信徒只要誠心祈求，大部份都可以獲得滿意的結果。北宋年間，媽祖在寧海一帶不停的顯靈，首先傳出湄洲附近的聖墩，晚上常出現亮光，膽大的漁夫前往發光處探視，發現是艘小船，於是帶回家，但第二天，這艘船又自動回到原來的地方，媽祖並向地方人士託夢，表示自己是林默娘，希望能在當地建媽祖廟，後因為媽祖靈驗異常而香火越來越盛。加上莆田人才輩出，甚多狀元及進士，他們常向皇帝報告媽祖的神奇故事，求皇帝賞賜封號，南宋時，朝廷褒封媽祖

▲ 鹿港天后宮——媽祖

14次，封夫人4次，封妃10次，這段期間，媽祖的信仰迅速發展。南宋光宗紹熙（1190年）由夫人進爵為妃。1281（元世祖至元18）年，以庇護漕運有功封「護國明著天妃」，列入國家禮典。1329（元天曆2）年，以護漕大功加封，並遣官致祭天下各廟，封號「護國輔聖庇民顯祐廣濟靈感助順福惠徽烈明著天妃」。

▲ 松山慈祐宮──媽祖

媽祖的主要神跡是救濟海上的漁民，討海人相信，平日若祭拜媽祖，倘航行海上遇難即能化險為夷，故奉其為海上的守護神。據傳1123（宋宣和5）年，給事中路允迪率船隊出使高麗，航行東海時，遇到颱風，惟其仍然平安抵達，有人看到他乘座的船桅出現一道紅光，彷彿有位紅衣女孩協助平息風浪使其轉危為安，路允迪向僚屬談及，船上有位莆田人向他報告紅衣女應是湄洲神女。路允迪向皇帝報告，徽宗下詔賜封「順濟」廟額。這是媽祖第一次由民間信仰轉到官方祭祀，並由地區性的信仰轉變為全國性的神明。

▲ 台北縣三芝福成宮—金面媽祖

元朝建都北京，民生物資大部份由南方以運河漕運，因漕運順暢，大家認為是媽祖的保佑。1281（元世祖至元18）年，命正奉大夫到湄洲，冊封媽祖為護國天妃，每年依制祭祀，也派官員到各地媽祖廟祭拜，使媽祖廟成為全國性的廟宇。

1405至1431年（明朝永樂3年至宣德6年），鄭和每次下西洋前，都到媽祖廟祈禱，傳說在海上遇到颱風時，有鳳儀神女，手提紅燈在其船上空飛旋，剎那間煙消雲散，風平浪靜，大家認為是天妃顯靈護佑所致。永樂5年，鄭和向皇帝奏報航行海上期間，仰賴媽祖保佑而能化險為夷，明成祖加封「護國庇民妙靈招應夕仁普濟天妃」。鄭和並奉旨遣官整理媽祖的祠廟。明朝萬曆中期起，每年正月15日，3月23日媽祖聖誕和千秋，派員到媽祖廟祭拜，並且舉行迎神賽會。

清朝敕封媽祖15次。1683（清康熙22）年，水師提督施琅率兵平定鄭氏王朝，請媽祖神像隨師庇佑，傳出媽祖及左右神將助戰，促使鄭軍不戰自降。施琅班師凱旋，向朝廷報告媽祖的神跡。1684（清康熙23）年，詔封為「護國庇民妙靈昭應弘仁普濟天后之神」，首先出現「天后」二字；1720（清康熙59）年，朝廷正式列為祀典；1733（雍正11）年，通令全國，沿海各省一體建廟，春秋兩季舉行祭祀。

▲ 南港富南宮—媽祖

◀ 早期用黑白照相拍攝的金面媽祖

1726(清雍正4)年，因救皇宮大火，敕封天上聖母。後又因護航運、滅賊寇，而在天上聖母詞上加封字句，以示尊重。1839(道光19)年，封媽祖為「護國庇民妙靈招應宏仁普濟神佑群生誠感孚顯神贊順垂慈篤祐安瀾利運澤覃海宇天后」。1857(咸豐7)年的封號：「護國庇民妙靈昭應宏仁普濟福佑群生誠感咸孚顯神贊順垂慈篤祐安瀾利運澤覃海宇恬波宣惠導流衍慶靖洋錫祉恩周德普衛漕保泰振武綏疆天后之神」。同治11年，加封嘉佑2字為64字，即「護國庇民妙靈昭應宏仁普濟福佑群生誠感咸孚顯神贊順垂慈篤祐安瀾利運澤覃海宇恬波宣惠導流衍慶靖洋錫祉恩周德普衛漕保泰振武綏疆嘉佑天后之神」。

明朝中葉後，閩粵人士往台灣、南洋、琉球、日本等地移民，有「出海靠媽祖，安居靠真人。」的俗諺，為祈求海上安全及事業順利，大部份以媽祖為守護神，在開航前，先到家鄉或出發港口的媽祖廟，恭請媽祖神像登船，平安抵達目地，就將媽祖安奉廟內，如果沒有廟宇則建草寮；清朝康熙年間，水師船艦開航前，要先祭拜媽祖，每個人準備紅袖香袋，上面寫著天妃寶號，進香時，取爐內的香灰放入袋中，接著縫在帽子上，以昭頂戴之誠。

當漢人向澎湖、台灣移民，媽祖的信仰也跟隨而至，一般人認為澎湖的天后宮，是台灣最早的媽祖廟，明鄭時期，台灣開始信仰媽祖，台南大天后宮是台灣第一間官方興建的媽祖廟，嗣後陸續在各處興建媽祖廟。媽祖依神像臉部顏色，分為紅面媽祖、粉面媽祖、烏面媽祖、金面媽祖。一般說法，肉色（紅面、粉面）是平時的表情；黑色（烏面）是救苦救難時的模樣；金面則代表得道時的神情；依分身先後順序，分為：鎮殿媽、二媽、副二媽、三媽、副三媽、四媽……等。

媽祖 ▶

千里眼及順風耳

▲ 新莊慈祐宮—穿官月

傳說千里眼有天通眼，能窺探宇宙萬象；順風耳有天耳通，可以聽到所有的聲音。或說媽祖是其父母向觀世音菩薩求子所得，故稱其為觀世音菩薩的化身，所以千里眼替媽祖執行觀千里的任務，順風耳執行聽聲音的職務。觀與音相和，正符合觀音大士的寓意。

千里眼和順風耳的由來有幾種傳說：一說千里眼與順風耳本是金精、水精所化；二說他們是商朝紂王的將軍，大哥高明、小弟高覺，被姜子牙打敗而死，死後陰魂不散、四處飄遊，後來盤踞桃花山；另說，千里眼、順風耳是天將，奉玉皇大帝的旨意，降在桃花山，等待媽祖得道成神仙後，輔佐媽祖救渡航行海上的人民，化解人間的劫厄。

相傳，宋太平興國7(982)年，湄州島西北方出現兩個面貌兇惡的妖怪，附近居民極為恐懼，林默娘聽到桃花山兩個妖怪經常危害居民

◀ 新莊慈祐宮—穿官服的千里眼

▲ 千里眼

，就提著銅符前往，勸他們修道愛民，千里眼與順風耳不但沒有接受，反而拿出法寶與林默娘交戰。默娘手持銅符，口念神咒，使得兩個妖怪全身無力，四肢不聽使喚，只得認輸，追隨媽祖修道，成為媽祖駕前眼觀宇宙萬物的千里眼，耳聽世間眾音的順風耳。

千里眼是紅臉、閉嘴；順風耳是青臉、開嘴。傳說千里眼為金精化身，紅臉，稱紅將軍，媽祖怕祂會吃百姓的金銀財寶，故要他閉嘴；順風耳是水精化身，為青臉，故稱青將軍，會吐水，水代表錢財，准許他張嘴。

▲ 順風耳

千里眼▶

順風耳▶

▲ 桃園縣新屋鄉永安天后宮的順風耳銅像

▲ 桃園縣新屋鄉永安天后宮的千里眼銅像

保生大帝

保生大帝又稱吳真人、大道公、吳真君、花轎公、忠顯侯、英惠侯、大道真人、真人仙師、吳公真仙等，臺灣民間俗稱大道公。

◀台北保安宮──保生大帝

保生大帝俗名吳本（音滔），字華基，號雲東，傳說保生大帝的父親吳通、母親黃氏，有一天，母親在睡夢中夢見北斗星入懷投胎，979（宋朝太平興國4）年農曆3月15日，保生大帝生於福建泉州府同安縣白礁鄉。臨盆時，屋裡充滿香氣，並發出奇異的光彩。吳本自小聰明過人，鄉人稱其為神童，他博覽群冊，精通天文、地理、禮樂、刑政各科，尤其對醫道更是專精。傳說17歲時，遊崑崙山，遇見西王母，王母授予濟世妙方及斬妖伏魔之術。真人一生茹素，亦未婚娶，曾官拜御史。退隱後終生以醫道濟世，救人無數，許多人因仰慕而跟隨他學習醫術。

保生大帝以醫術濟世，賑濟饑饉，醫治瘟疫，有點龍眼、醫虎喉之傳說。傳說有隻巨龍生眼疾，變成人形找吳本醫治，吳本一眼就看出牠是龍，經其醫治後，巨龍多年不治的眼疾霍然而癒，巨龍感恩化作原形，擔任保生大帝的坐騎。另說，吳本到山中採藥，有隻老虎剛吃下一個人，骨頭鯁在喉嚨，痛苦萬分，不忍見其慘狀，告誡老虎以後不可再吃人，再以藥水灌入虎口，使老虎喉中卡住的骨頭消散，吳本成神後，老虎為報其救命之恩，自願替保生大帝守護廟門，成為守護獸。

1032（宋仁宗明道元）年，福建漳、泉一帶發生旱災、瘧疾，他施法，調遣天兵神將運米除厄，使得漳、泉居民度過難關。1036（宋仁宗景祐3）年5月2日，真人時年58歲，因修練得道，駕鶴升天。得道後的吳真人，時常顯靈濟助凡間百姓，宋高宗下詔在其故鄉白礁建廟供奉。宋孝宗賜「慈濟靈宮」匾額，追封大道真人、忠顯侯、英惠侯、大道公。元明之際，曾義助明太祖大戰陳友諒於鄱陽湖畔，明太祖追諡其為「昊天御史醫靈真君」。

保生大帝的傳聞甚多，其中以妙手回春的精湛醫術最為人所津津樂道。明成祖時，孝慈皇后患有乳疾，看遍所有名醫，都無法治好。有一天，來了一位道士，自稱能治癒皇后的病，為避男女之嫌，在皇后的手腕綁上絲線，門外透過絲線診脈。明成祖最初未按照道士的吩咐，偷偷的將絲線綁在皇后的玉環及貓腳上，一再被其識破，最後，道士醫好皇后的病。明成祖問他的身份，道士表明是吳真人，說完騎著白鶴飛去。明成祖為感念他治好皇后的病，敕封「昊天闕御史慈濟醫靈妙道真君萬壽無極保生大帝」。明仁宗（1425至1426年）時，加封

▲ 桃園縣新屋鄉溥濟宮──保生大帝

為保生大帝。孝宗追封服飾著龍袍，依古制，其廟前可立大旗杆。

三十六神將······

三十六神將為保生大帝兩側配祀神將，神情威猛剛毅，氣勢非凡。台北保安宮的神像係清朝泉州府雕塑師許嚴於道光9年至13年（1829至1833年）雕刻完成。

▲ 台北保安宮—三十六神將

台北保安宮的說法，保生大帝一生以濟世為職志，因苦於分身乏術，於是找了36位神將，協助其捉拿危害人間的病魔妖怪。

▲ 台北保安宮—三十六神將

另說，玄天上帝原以殺豬為業，因自覺罪孽深重，乃切腹將腸胃掏出洗滌罪業，不料腸子化為蛇精，胃化成龜精為害人間。玄天上帝向保生大帝（或謂呂洞賓）商借寶劍為民除害，大道公唯恐有借無還，乃將上帝公所屬的36官將留置抵押，豈知玄天上帝收服龜蛇後一直沒有歸還寶劍，36官將遂成為保生大帝的部屬，協助保生大帝行善。

黑虎將軍

黑虎將軍又稱將軍爺，有別於一般民間傳說的虎爺，傳說，有隻老虎吞噬了一位婦人，喉嚨被婦人頭上帶的髮釵所刺，痛苦異常。老虎於是化作人形請保生大帝醫治。最初，保生大帝訓斥牠隨便吃人，不願救治，但老虎仍不肯離去並站在保生大帝前懺悔，吳真人被牠的

▲ 台北保安宮的黑虎將軍

誠心感動，於是幫牠醫治，老虎痊癒後，為感念真人恩德，除戒去吃人習慣，並跟從大帝到處行善，生前供真人坐騎差遣，死後忠誠的守護著保生大帝，保生大帝乃將其渡化成神，民間以農曆4月16日為虎爺的祭日，且尊奉牠為黑虎將軍。

關聖帝君

▲ 關聖帝君

關聖帝君為儒釋道三教共尊，儒教尊為文衡聖帝、關西夫子；道教奉為協天大帝、翊漢天尊、武安尊王、崇富真君、三界伏魔大帝和恩主公；佛教尊為蓋天古佛。

關聖帝君自幼即與祖父一起讀左傳和春秋，少年時，便蘊育忠義之氣，加上面貌雄偉，威武逼人，讓人自然興起蕭然起敬的尊崇。因忠貫日月，義薄雲天，歷代均有褒封，蜀漢後主賜諡壯繆侯，加封義勇王，明神宗敕封「三界伏魔大帝神威遠鎮天尊關聖帝君」，清順治元年制定春秋二祭，9年封「忠義神武關聖大帝」；康熙加封「協天伏魔大帝」；雍正8年追封武聖，封號由侯而王，而帝，而聖。孔子為文聖，帝君為武聖。

此外，關聖帝君因熟讀春秋與左傳，亦被視為可以保佑學子讀書求取功名的文昌神，與文昌帝君、孚佑帝君、魁星爺、朱熹和朱衣夫子為五文昌。

商人奉關聖帝君為保護神，原因是關公與人來往以義相交，符合商場講究信用的法則。另說關公精於理財，長於算術記帳，曾設筆記法，發明日清簿，這種簿記法，設有原、收、出、存四項，是非常清楚的記帳法，後世認其為會計專家，遂成為保護信徒賺大錢的商業神。

▲ 關聖帝君

關平太子

關平原為關定的兒子，身長8尺，面如冠玉，相貌堂堂，後來拜關羽為義父。關羽敗走麥城時，關平與關羽欲脫困回蜀求救兵，無奈被呂蒙設計捉拿，與關羽共同赴義，後世祭祀關羽，在關羽左側有位少年將軍，手捧漢壽亭印者，即關平，右側黑面手持大刀者為周倉。

▲ 台灣省城隍廟關聖帝君和關平太子(右)、周倉

孚佑帝君

孚佑帝君即呂洞賓，俗稱呂仙祖，歷經生死關、財利關、忍辱關、慈悲關、情欲關、無貪關、誠實關、豁達關、無懼關、因果關等十試後修成仙術，因常顯靈救助世人，或給予啟示，協助世人脫離苦海，成為八仙中最受稱誦的神明之一。

▲ 新店開天宮─孚佑帝君

呂洞賓唐朝山西省浦州永樂縣人，又稱呂純陽、呂祖，道家稱妙道天尊，佛家稱文尼真佛，是民間傳說的八仙之一。也和關公、朱衣夫子、魁星爺及文昌帝君被稱為五文昌之一。生於798（唐德宗貞元14）年，咸通年間中進士，擔任過縣令，自幼聰明過人，過目成誦，出口成章，長大後喜頂華陽巾，衣黃欄杉，形貌似張良，後來遊盧山，獲火龍真人傳授天遁劍法，手持雌雄寶劍，遊化人間，斬世人之貪、瞋、痴，棄除世人的貧、病、苦，號純陽子。

呂洞賓本姓李，傳說出生當天，白鶴飛入母親的帳中，隨即不見，待其出生時，滿室生香從小就很聰明，10歲能文，15歲能武，精通百家經籍，唐文宗開成2年舉進士第，出任江州德化縣令。不久因為宰相李德裕結黨營私，因不願同流合污，棄官隱居於盧山的山洞，因該洞有兩個出口而改姓呂，自稱是洞中的賓客，取名洞賓。

呂洞賓著有聖德篇、指玄篇、忠孝課等，對拯救世道人心有極大助益。宋徽宗封他為妙道真人、元朝初封為純道演正警化真君，元武宗時加封純陽演化孚佑帝君。北宋真宗，鎮壓益州民眾叛亂時，據說呂洞賓曾化身顯聖相助，加封為英顯武烈王。

▲ 台灣省城隍廟——孚佑帝君，兩旁分立印童與劍童

▲ 大稻埕真聖堂——孚佑帝君

呂洞賓由仙而入神道，亦仙亦神，是集道教大成的得道高人，與少陽帝君、正陽帝君、大道帝君、輔極帝君同列道教五祖之一。

台北芝山巖惠濟宮——孚佑帝君 ▶

文昌帝君

文昌原是天上六星的總稱，一說在北斗魁前，一說在北斗之左，六星分別稱上將、次將、貴相、司命、司中、司祿等，是主持文運、功名的星宿。

▲ 台灣省城隍廟──文昌帝君

張亞子即蜀人張育，374（東晉寧康2）年，自稱蜀王，因反抗符堅而戰死，後人為紀念其英烈，於梓潼郡七曲山建祠，尊奉為雷澤龍王，後來，張育祠與梓潼神亞子祠合稱。安史之亂，唐玄宗避亂入蜀，夢見張亞子顯靈，追封他為左丞相；唐僖宗為避黃巢之亂入蜀，又親祀梓潼神，追封濟順王，使其由地方神演變為天下通祀的神明。宋代，梓潼神多次獲得皇帝的加封，並因預卜科舉功名靈驗而得到讀書人的信仰。1316（元延祐3）年，元仁宗封張亞子為「輔元開化文昌司祿宏仁帝君」，並欽定為忠國、孝家、益民、正直之神，梓潼神與文昌星神合而為一，稱文昌帝君。明朝景泰年間，遣官致祭。清朝仁宗敕令禮部，

將梓潼君列入祀典，並通令天下學府建廟立祀。文昌殿除供奉文昌帝君外，也有供奉魁斗星君者，傳說魁斗星君生前曾中狀元，但被皇帝嫌棄麻臉跛腳而輕生，死後獲封專管文人榮辱成敗的神明。

晚近，國人習慣將准考證影本供於文昌帝君的神案，祈求金榜題名，並以青蔥（代表聰明）、芹菜（勤勞）、青蒜（會算）、蘿蔔（好彩頭），或再加上桂花（貴氣驅邪）、糕（高）、粽（中）等，並報告自己的姓名、生肖、歲數、住址、參加什麼考試、考場在哪、第幾試場、幾號座位、准考證號，祈求文昌帝君保佑上榜。惟祭拜時，仍要努力讀書，才能獲得協助。

▲ 台北芝山巖惠濟宮──文昌帝君

▲ 南港富南宮──文昌帝君

司命真君

東漢·許慎《五經通義》云：「灶神姓張名單，字子郭；其婦姓王名搏頰，字卿忌。」漢朝時為五祀神之一，和司命、行神（道路神）、門神、戶神，同為司察小過的家宅神。

灶君又稱司命真君、灶王、灶神、灶王爺、灶公、護宅天尊等。傳說灶神生前

▲ 南港富南宮——司命真君

很窮，連妻子都被迫賣掉，淪落為乞丐，有一日行乞到前妻家，妻子可憐他的遭遇，供應豐富的飲食，餐後，他覺得很羞愧，投入灶中燒死。其妻遂在灶頭立神位，早晚祭祀，對人謊稱祭灶君，別人看她拜後凡事順遂而仿傚，於是成為習俗。

另說，張姓夫妻家貧又遇荒年，妻子不得已改嫁富人為妾。因饑荒，富人開倉賑災濟貧，並交其妾料理，開賑當天，前夫亦來領飯食，還沒輪到他時，飯已分完；第二天，從後面先發食物，一樣沒輪到他，飯就分完；第三天，決定從中間發食物，結果仍未見到前夫，原來他已經餓死了，婦人悲傷之餘自殺身亡。玉帝知道後，深憐這對夫婦，於是封張氏為「灶神」，同管人間廚房事宜，主掌一家的平安、福祿、命運，並監視這家人的是非善惡，每年農曆12月24日升天向玉帝稟報其一年來的是非善惡，所以家家戶戶都要舉辦送灶神。送灶神的貢品通常選用又甜又黏的糖瓜、湯圓、麥芽糖、豬血糕等，目的是要灶神回天庭時多說好話。另外，黏住灶神的嘴巴，讓他難開口說壞話。正月初四日，把眾神接回來，謂接灶或接神。接灶神的儀式很簡

司命真君之位

單，只要在灶台上重新貼一張新的神像或寫上司命真君即可，象徵灶神在天上作過客，又重新回來鎮守。

明朝世宗嘉靖年間（1522至1565年），俞都自18歲中秀才後，連續參加7次舉人考試都名落孫山。5子4女先後夭折7位、失蹤一位，僅剩小女兒在身邊，妻子因喪子之痛哭得雙眼失明。俞秀才自認生平無大過，且和友人共組文昌社，惜字、放生、戒色、戒殺，怎會貧苦交迫至如此地步？於是每年12月24日，以黃紙撰寫疏文一篇，請灶王爺代為上奏玉皇大帝。惟多年來均無感應。俞都47歲時，有一老人於除夕夜造訪，俞秀才向老人報告這些年做的善事，老人說：「你雖然做了許多善事，惟大部份都是妄圖虛名。」這話說得俞秀才羞愧萬分，說完，老人走入廚房不見了，原來是灶王爺現身，俞秀才經點化後，取號淨意道人，存善念、行善事，力求表裏如一。53歲登科進士，找到了失散多年的兒子，說也奇怪，俞夫人的眼睛也復明了。

財神爺

財神爺有文財神與武財神兩種，文財神以比干為代表，武財神以趙公明為代表，此外尚有五路財神、福德正神、彌勒佛等。比干是紂王的叔父，見紂王無道，沉迷酒色，經常勸諫，紂王惱羞成怒，將其剖胸摘心，姜子牙封神時，封比干為文曲星君，掌管功名利祿，俗稱文財神，據傳文曲星

▲ 桃園縣新屋鄉長祥宮
文財神比干

君擁有聚寶盆，盆上有運財童子，左手托元寶，右手執令旗，腳踏銀珊瑚，倘誠心祈求，心術方正，虔誠待人，行事得宜，財神爺便命運財童子賜予財寶。農曆正月初5為財神爺聖誕，故商家在這天開張，以三牲，水果，鞭炮供在香案，迎接財神。

▲ 南港富南宮——五路財神

武財神

趙公明姓趙名朗、玄朗，字公明，終南山人。據傳趙公明原是日精之一，古時天有九日，九日被后羿射下，化為九鳥，墜落於青城山，變成九鬼王。八鬼行惡害人，趙玄朗卻獨化為人，避隱蜀中，精修至道。張陵在青城山煉丹時，收趙玄朗護衛丹室，丹成，天師賞賜他仙丹，趙玄朗吃後，法力增強，形貌酷似天師，張天師命其永鎮玄壇，號玄壇元帥，能驅雷役電，呼風喚雨，除瘟剪瘧，保病禳災，公平買賣求財。封神演義，姜子牙封趙公明為金龍如意正乙龍虎玄壇真君，率招寶天尊、納珍天尊、招財使者和利市仙官等，統管人間一切金銀財寶。

▲ 武財神趙公明

武財神趙公明 ▶

另說，趙公明住在武當山，平時靠乞討為生，但飼養一隻永不吠叫的黑狗和一隻永不生蛋的母雞，每天靠趙公明乞討回來的食物餵養，無論食物多少，黑狗和母雞總是吃的一乾二淨。有一天，子時剛過，忽然天空大放光芒，出現五彩雲朵，滿山遍野的花草同時開放，散發出特殊的香味。此時，在南邊的天空中霎時出現了萬盞燈火、神仙朝聖的景像，據稱是每隔三千年開一次天門的儀式，開天門霎那，只要跪地祈求，就會有求必應。而趙公明跪地祈求上天賜給金、銀，俾一生有用不完的財富。話才說完，天門已經關了，轉瞬間，一切恢復如常，趙公明也恍然做了一場夢，這時候，他飼養的母雞，開始「咯咯」的叫，每叫一聲就下一顆金蛋，黑狗也「汪汪」的叫個不停，每汪一聲，便嘔出一顆銀錠。趙公明每天都將金蛋、銀錠幫助窮人創業，自己也成為富甲一方的富翁，歹徒於深夜時分，點一把火將趙公明的母雞、黑狗燒死，準備搶奪金蛋、銀錠。不料，黑狗變成黑虎咬死歹徒，母雞變成鳳凰，載著趙公明與黑虎一起昇天。後來趙公明被封為武財神，掌管人間的財富。

趙公明的神像，大部分為黑面濃鬚，騎黑虎，一手執銀鞭，一手持元寶，又稱趙公元帥、趙玄壇，民間傳說趙公明怕冷，又稱寒丹爺，元宵節夜游時，以爆竹投擲，使其得以取暖。或說趙公明於秦朝時避世深山精修得道，奉玉帝旨意，專司百姓健康、幸福、公道、平安、財富。

偏財神是指五路財神，又稱路頭神，五路財神相傳是唐、劉、張、葛、李五位江洋大盜，生前為人慷慨，急公好義，劫富濟貧，死後受人供奉，稱為五哥廟。另說，五路財神就是趙公明、招寶、納珍、招財、利市五神的合稱。

民間供奉的財神

文財神：福、祿、壽、喜、財、
　　　　比干、范蠡

武財神：關羽、趙公明

正財神：趙公明

偏財神：五路財神

南港富南宮──趙公明 ▶

福德正神

▲ 桃園縣觀音鄉白玉村──三塊石土地公

福德正神俗稱土地公或福德爺、福爺、灶神、灶公、后土、土地公伯，客家人稱大伯公。原為社神，負責掌管農業耕種及社會雜務，後來逐步擴充，掌管商家生意、負責居家莊園的安全、掌管平常人家六畜興旺、五穀豐收，故士、農、工、商都祭拜土地公，可說是與民間生活最密切的神明，台灣供奉土地公的大廟或小祠甚多，有田頭田尾土地公的說法，而台灣的傳統老街，也都在街頭或街尾設有土地公，可見土地公的信仰與民眾息息相關。

我國的神明，大部份都有一個明確的出身，如媽祖為林默娘，關聖帝君為關羽，福德正福原為管理土地的自然神，後來演變成具有德行的長者，而今是少數擁有多個出處傳說的神明，但都是善心人士、品德高尚或對土地有貢

獻的長者。雖然每個地方的土地公具備不同的身分，惟宅心仁厚，德行俱全的人死後可以化身土地公的傳說卻在各地流傳。傳說最早的福德正神姓張名福德，生於周武王2年2月2日，自小聰穎至孝，36歲官居統稅官，因為官清廉，享年102歲，死後3日，容貌保持不變，有一貧戶用四大石圍成石屋奉祀，不久，即由貧轉富，附近居民看到這種情形，也祭拜福

▲ 土地公

德正神。另說，土地公為周朝人，是士大夫的僕人，擔心小姐受凍，脫下衣服給小姐穿，自己卻凍死，死時，天空顯現南天門大仙福德正神，士大夫感謝其恩德，建廟奉祀，周武王時，贈封后土，後世尊為土地公。

左傳通俗篇：「凡有社里，必有土地神，土地神為守護社里之主，謂之『上

▲ 桃園縣觀音鄉廣興村——四塊石土地公

公』。」土地公是地方神，雖然職位很小，但國人傳統向有不怕官只怕管的觀念，故有得罪土地公飼無雞的俗諺。其轄區內的居民，舉凡出生、死亡、出外、結婚、入厝、動土、農作物的種植或收成、家畜的繁衍‧‧‧等都需向土地公報告，祭祀土地公遂成為人們生活的習慣。先民來台灣墾殖時，希望一年辛勤的工作能夠獲得豐收，認為這都是土地公的恩賜，逐漸演變成五穀豐收、六畜興旺的神明。商人視土地公為財神，在家中專設神位，每月初二、十六祭拜，希望生意興隆，招財進寶。

新莊福德祠—福德正神 ▶

▲ 土地公

▲ 南港富南宮最初供奉的神明為福德正神

▲ 松山慈祐宮──土地公

土地公神像採早年地方員外的扮像，頭帶錢帽，帽沿布鬚下垂，身穿便服，面龐圓而豐扁，兩眼微眯，滿腮白色鬍鬚，露出慈祥仁厚的微笑，據說係以唐肅皓首赭面、福德之相做為造型。神像分立姿與坐姿，坐姿者兩手自然平置於扶手上，右手執玉，左手拿元寶。

▲台北保安宮──土地公（頭戴官帽在一般土地公廟為特例）

註生娘娘

▲ 松山慈祐宮──註生娘娘

註生娘娘專管人間生兒育女之事，俗稱註生媽，主司授子、安產、護兒等職。一說註生娘娘為商朝末年三仙島的雲霄、瓊霄、碧霄三姊妹，係龜靈聖母之徒，以產盆練成混元金斗，後因胞兄趙公明（玄壇元帥）命喪姜子牙之手，三仙姑為報兄仇，一起投靠聞太師，武王伐紂時，擺下黃河陣，使周軍傷亡無數，幸得元始天尊破解陣仗，三仙姑與陣俱亡，姜子牙封神時，命三仙姑掌混元金斗，凡天下蒼生落地從金斗轉劫，民間據此典故，奉三仙姑為註生娘娘。

另說註生娘娘是臨水夫人陳靖姑，生於唐朝大曆年間，為福建古田縣臨水鄉人，又稱臨水夫人，傳說她曾斬蛇除妖，被封為順懿夫人，早期催生助產的傳說演變為負責子嗣繁衍、保佑嬰兒平安之神；

▲ 台北保安宮──註生娘娘

▲ 台北保安宮——十二婆姐

或說陳靖姑懷孕數月，逢大旱，受鄉民之託祈雨，因脫胎而亡，臨終前誓言救人產難，成神後屢次顯靈幫助婦女安產，被民間奉為註生娘娘，下轄12婆祖，各抱一嬰，六好六壞，以示生男育女賢與不肖，皆憑積善行德而論。

拜註生娘娘時，因求子而有移花換斗及栽花換斗的習俗，前者係祈求變換胎兒性別，如換白花、紅花以求生男或生女，滿足有兒有女的願望，後者則是久婚不孕的婦女，請求賜花降子。衍生的神明尚有花公、花婆，職司看管花（嬰兒）的元神，並保佑嬰兒平安、健康。農曆3月20是註生娘娘的聖誕日，已婚婦女常於此日求嗣，或帶小孩前往祈祝，據說神前擺置的花簪、小鞋都有保佑小孩平安的作用。

開漳聖王

▲ 台北芝山巖惠濟宮──開漳聖王腳踩烏龜

開漳聖王又名威惠聖王、聖王公、威烈侯，簡稱聖王。聖誕為農曆2月25日。

開漳聖王本姓陳，字廷炬，號龍湖，河南光州人。生於657（唐高宗顯慶2）年，唐朝僖宗年間中武進士。唐初，福建仍為蠻荒之地，陳元光隨父親陳政入閩，彼時福建生產落後，民性凶悍。21歲時，繼承父親的職務，積極平撫群夷，開拓龍溪、漳浦、南靖、長泰、平和、詔安、海澄等7縣。687（武后2）年，任命陳元光為首任漳州刺史（知府）兼任漳浦縣令，他廣建學府，開科取才，量才擢用，故民心有繫，風俗轉淳，文風鼎盛，親率部曲及58姓軍民在閩落籍，並獎勵通婚，將中原文化移植漳州，此外，實施屯田制，勸農務本，提倡開荒墾殖，發

展農業，規定士兵〔平居則蒐狩、有役則戰守〕，實行且戰且耕，引進中原生產及灌溉技術，拓地數千里，使得倉廩充足，中原工匠大量南來，物阜民豐，咸稱南方樂土，對地方開拓與百姓之教養貢獻卓著，博得漳州人的敬愛。

711（睿宗景雲2）年，蠻亂蔓延潮州，陳元光率輕騎前往抵

▲ 開漳聖王

禦，被賊將刀傷致死，享年55歲。百姓聞訊，哀號如喪考妣。朝廷以陳元光及父開疆闢土，立郡縣，置社稷，捐身軀，功在閩粵，下詔立廟，敕封威惠聖王，漳州居民奉為守護神，漳屬陳姓居民亦奉為始祖。開漳聖王有4個部將，列為從祀，即輔順將軍、輔顯將軍、輔義將軍、輔信將軍。

輔順將軍

馬使爺或稱舍人公，又稱馬舍公，也稱輔順將軍，簡稱馬公，據說，和輔顯將軍、輔信將軍、輔義將軍，同為開漳聖王駕前的4大部將。

明鄭時代，民間畜馬，視輔順將軍為守護神，台南的馬王廟即為祭水草馬明王。根據康熙、乾隆時所修的《台灣縣志》及《台灣府志》，輔順將軍又稱馬王及馬祖。台南市開山路馬公廟，原稱馬王廟。台灣通史也說俗以馬王為輔順將軍。

據燕京歲時記載：馬王者房星也，凡營伍中及畜養車馬人家，均於 6月23日 祭祀之。又《北京指南》記載：西便門外白云觀，祭火神及馬王。鄭成功治台，寓兵於農，生聚教訓，營伍車馬至為重要，所祭祀的馬王，或許就是《燕京歲時記》中的馬王，或為馬的守護神水草馬明王。

▲ 台北芝山巖惠濟宮──輔順將軍

輔順將軍姓李名伯苗為開漳聖王之左翼將軍，討伐蠻洞之猺匪有功，受宋朝仁宗皇帝封為輔順將軍。

輔信將軍姓沈名毅為開漳聖王之右翼將軍與前者同功而受敕封。

▲ 台北芝山巖惠濟宮──輔信將軍

輔義將軍姓倪名聖分出身於海澄縣，亦在開漳聖王幕下與輔信將軍同為輔佐有功而受敕封。

廣澤尊王

廣澤尊王一稱保安尊王，俗稱郭聖王、郭王公、或聖王公。廣澤尊王姓郭名洪福，五代十國人，是泉州人的守護神之一，全號「威鎮忠孚惠威武烈保安廣澤尊王」。傳說是郭子儀的後裔，自幼父母雙亡，由叔叔撫養，從小幫楊姓人家飼羊，不但羊隻肥壯，待羊群長大，主人賣出時，不論賣多少隻，次日羊數仍然相同，惟主人生性刻薄，並未善待他。10歲時，主人請地理師到家中看風水，見他資質靈慧，指示靈穴吉地。郭洪福照地理師的話在盤石專心打坐，果然坐化昇天，叔叔看見這個情景，慌亂中拉他的左腳，因坐化昇天左腳遭叔叔拉扯，故神像均以單腳打坐。地方乾旱時，向廣澤尊王祈雨，非常靈驗，朝廷封他為廣澤尊王。傳說雍正為皇子時，患天花病勢危急，夜裏有人送降痘丹藥，自稱泉州郭乾，說畢就不見其人，雍正病癒，派人到泉州查訪，登基後加封廣澤尊王為保安廣澤尊王。

▲ 台北芝山巖惠濟宮——廣澤尊王

水仙尊王

水仙尊王是水神，保佑船隻航行平安，又稱海王，船舶在海上若遭遇風暴，船員在船上敲鑼打鼓，每人手持筷子齊作划船狀，向水仙尊王示警求救，倘化險為夷，平安抵達，就在附近建廟答謝。

台灣奉祀的水仙尊王，有一尊單祀者，以治水有功的大禹為主；也有五尊同祀者，除以大禹為主祀神外，另有伍員（子胥）、屈原、王勃、李白四位。大禹因疏導百川，治理水患，被奉為水仙尊王，民間亦稱為水官大帝。大禹姓姒氏，是夏朝的開國君主，父親鯀因治水採防堵之法而被殺，禹繼承父職，採疏通的方法，治水13年，三過家門而不入，終能導引天下的水歸諸四海，消弭水患，使百姓安居樂業。伍員，春秋楚國人，父兄都被楚平王所殺，轉而投奔吳王，入吳後，傾全力輔佐吳國伐楚，五戰五勝而報了父兄之仇，吳王夫差繼位，屢次伐越大勝，越王勾踐被迫求和，伍員進諫不成，反被賜死，臨死前言：「待我死後，挖掘雙眼懸於東門，以目睹越王領軍滅吳。」吳王聞言大怒，令人將伍員屍首投棄於江海，吳國人民感念其堅

▲ 基隆度天宮──水仙尊王

貞，便於江邊設祠祭拜，伍子胥死後9年，吳國敗在越王勾
踐手中。屈原名平，戰國時楚人，因受朝中奸臣妒恨，屢
次謫貶，終因抑鬱憂憤，投河自盡。王勃，唐朝人，6歲即
能文辭，聲名傳揚京城，深為時人所器重，29歲，南下省
親，途中溺死於南海。李白，唐朝人，人稱天上謫仙，也
稱詩仙，唐玄宗甚愛其才，惟官運不順，民間傳說李白泛
舟遊江時，因醉酒而入水中取月，不幸溺死。

清水祖師

清水祖師又稱麻章上人、祖師公、祖師爺。據傳清水祖師姓陳，名應（一說為陳昭或陳昭應），法名普足，宋朝福建省永春縣人，自幼在大雲院出家，後經大靜山明松禪師指點，終於悟道，在麻章施醫濟藥，救助貧病者無數，被尊為麻章上人。

▲ 萬華清水祖師廟
清水祖師

宋神宗元豐6年，鄉人請他祈雨，立刻甘霖普降，被尊為清水祖師。清溪人為他在蓬萊山建築精舍，稱為清水巖，他修橋築路，造福鄉人。宋徽宗靖國9年去世，漳洲、汀洲人士感念其德澤，奏報朝廷，敕賜昭應大師。或說，清水祖師是北宋京都開封府祥符縣人，追隨文天祥抵抗元兵，轉戰大江南北，是抗元扶宋的民族英雄，後隱居福建清水巖，明太祖追念他的功勳，敕封護國公，下令興建祠堂崇祀，福建安溪人稱他為祖師公，廟宇為祖師廟。

萬華清水祖師廟—清水祖師

保儀大夫

保儀尊王，俗稱尪公，相傳為唐安史之亂與張巡同守睢陽之許遠。宋時封許遠為保儀尊王，張巡為保儀大夫。另有兩人尊稱互易之說，謂保儀大夫為許遠，保儀尊王為張巡。唐朝安史之亂時，張巡和許遠同守睢陽，因為很久沒有援兵，城內的食物都吃完了，甚至張巡的妻子林氏夫人自殺，

▲ 保儀大夫

留下遺書說要將肉體給士兵吃，終因兵疲馬困，睢陽城被攻陷，張巡和許遠被俘，因為不投降而被殺，民間建雙忠廟，供奉這二位忠臣，宋朝加封為保儀尊王。

或說王潮帶領高、張、林三姓族人拓遷，王潮拜閩王後勒封為保儀大夫，台灣的保儀尊王信仰，隨著早期福建泉州安溪籍的高、張、林三姓移民的遷移，由祖廟分靈奉祀而來，台北地區每年元月有迎尪公神輿遶行田埂小道，居民相信尪公踩踏之處，附近害蟲都會被殺死。

105

中壇元帥

中壇元帥就是太子爺，又稱金環元帥、李哪吒、三太子等，哪吒本是玉皇大帝駕下大羅天仙，玉帝命其降凡除魔，乃投胎於托塔天王李靖夫人，懷胎三年零六月，生下時卻是如車輪般的肉毬，李靖一劍砍下，毬中跳出偏體紅光、面如敷粉、手執金環、肚繫紅綾、金光射目、滿室馨香的紅孩兒。

哪吒長兄金吒、二兄木吒，又稱三太子，生時便武力高強，師父太乙真人授以符籙，法力無邊。因犯罪，為免連累父母，乃剖腹、剜腸、剔骨還親，真人以蓮花化身，幫助其重歸人世，日後襄助姜子牙伐紂有功。

▲ 中壇元帥

▼ 南港富南宮──中壇元帥

▲ 中壇元帥

107

城隍爺

▲ 台北霞海城隍廟──城隍爺

城隍的信仰源於人們感謝城牆與護城河保護其生命、財產的貢獻。城隍的主要職責是保佑百姓安全、健康，即代天理物、調理陰陽、剪惡除兇、護國安邦、普降甘澤、判定生死、賜人福壽等，又有監察和糾正陽世官員功過的責任。不僅管轄陰間事務，對陽間的是非善惡也紀錄得清清楚楚，是一位賞罰分明、正直、無私的正義使者，告誡世人不可為非作歹，否則死後難逃陰間法律的制裁。

城隍一詞最早見於周易：「城復於隍，勿用師也。」，禮記，禮運篇記載：「天子大蜡八，水庸居第七。」，意指天子每年歲末要祭祀八位神明，第七位祭祀的是水庸，水庸就是城隍爺。說文解字稱：「城，以盛民也；隍，城池也」，「無水曰隍」。城是指城牆，隍是指沒有水的護城河，城隍的本意，是指保護人民身家安全的城牆和護城

▲ 台北霞海城隍廟—城隍爺

河。班固曰：「修宮室，浚城隍」，由此可知，先民祭祀的城隍是指守護城池的神，屬於自然信仰，沒有神像也沒有廟宇，而且祭祀的人只限於天子，一般百姓並沒有祭拜的資格。

據說最早的城隍廟建於東吳赤烏年間〈238年至251年〉安徽蕪湖的城隍廟。民間替城隍爺立廟可以追溯到北齊，北齊書慕容儼傳稱：慕容儼率兵鎮守郢城，南朝梁軍於水中築荻洪以斷守城的水路，慕容儼祈禱城隍爺後，當夜即下起大雨，沖斷荻洪，他便趁機出擊敵人並且大獲全勝，郢城居民感念城隍的恩德，為其立廟並按時祭祀。

唐朝時，城隍爺已經是家喻戶曉的神明，太平廣記宣州司戶條稱，吳地畏鬼，每州縣必有城隍。許多知名文學家的

作品也有城隍的事蹟，如韓愈、杜牧、李商隱等人，都有祭城隍的文章留傳後世。五代，皇帝開始詔封城隍，如杭州城隍被封為順義保寧王，湖州城隍被封為阜俗安城王。宋代，城隍由自然神演變為人鬼神，而且被列入官方的祀典，宋史蘇緘傳：「蘇緘死後，交趾入侵桂州，桂州人準備棄城逃跑，忽然看見蘇緘率領大軍來守禦城門，事變後，桂州人替蘇緘立廟，奉他為城隍並加以祭祀。」另外，宋朝吳頤撰寫的越州新修城隍廟記：「唐右衛將軍龐公玉，經營縣政有成，死後，縣民替龐公玉立祀廟，奉為城隍神。」各地城隍多為有功於民的神明，如蘇州城隍是春申君，上海城隍是秦裕伯（秦裕伯是元代末年的進士，治理東海海濱成績卓越，深受百姓愛戴，後

▲ 台灣霞海城隍廟——城隍爺前的牛頭

▲ 台灣霞海城隍廟——城隍爺前的馬面

▲ 基隆城隍廟的城隍爺

來奉明太祖手諭為翰林院侍制，與明太祖賦詩論學，秦裕伯死後，明太祖震悼曰：「生不為我臣 …）。故各地城隍廟供奉城隍爺的聖誕不同。

元朝在上都和大都均建有城隍廟，封大都的城隍為佑聖王。明太祖朱元璋未稱帝前，曾夜宿城隍廟，因感受城隍爺的恩澤，就帝位後，賜封城隍爵位，1369（洪武2)年，封京都城隍為承天鑒國司民升福明靈王；封開封、臨濠、太平、和州、滁州城隍為正一品，其餘府城隍為正二品；封州城隍為靈佑侯，正三品；封縣城隍為顯佑伯，四品。

▲ 新竹城隍廟——李排爺　　▲ 新竹城隍廟——董排爺

同時確定城隍殿按官衙設置，和官府的桌椅高廣相當，並配備相當的袞章冕旒。朱元璋的詔書曾經提到：「朕設京師城隍，俾統各州、府、縣之神，以鑒察民情善惡而禍福之，俾幽明舉，不得倖免。」，「朕立城隍神，使人知畏，人有所畏，則不敢妄為」，他強調推崇城隍信仰的用意，主要目的在藉助城隍的神威，協助地方官的統治。

清初，沿用明制，通令各省、府、廳、縣建城隍廟，列入國家祀典，將城隍與山川、風雲雷雨共祀，規定新官上

任，必須挑選吉日，到城隍廟舉行奉告典禮，才能就位。當民間有人不孝，奸盜，欺壓良善，官吏需向城隍爺報告，城隍爺就會顯靈，讓惡人得到報應，藉此教化民心，縱使僥倖逃過法律的制裁，也可能會遭到城隍爺的懲罰，甚至連累家人染患惡疾或厄運纏身。至於孝順父母，奉公守法的好人，城隍爺則加以保佑，確保其平安。

清領時期，地方官利用城隍爺剛正不阿，賞罰分明的形象宣揚施政理念，如：康熙47年，台灣知府張宏修建城隍廟；康熙53年，台灣知縣俞兆岳上任，到縣城隍面前立下誓言：「毋貪財，毋畏勢，無徇人情」；彰化知縣楊桂森到任時，發表告城隍文，表明清白廉正，為民服務的決心。姚瑩任噶瑪蘭通判，除設立學校、書院外，也以神設教，借助神道的觀念移風化俗。

台灣廟宇不論設於何處，除城隍廟和土地公廟外，祭拜的神明幾乎都屬同一人，惟城隍廟的城隍爺和土地公廟的土地公各有來源，城隍爺的出處至少有三種，分別為生前有德的人；溺死而能夠忍耐3年，不拉人做替身的水鬼；生前有才學，死後通過城隍考試的人。蒲松齡在聊齋誌異的考城隍，孝子宋燾為了照顧高齡老母而延遲就任城隍的故事，至今仍膾炙人口；水鬼因漁夫朋友的關係而未傷人去轉世投胎，閻王見水鬼不肯隨

▲ 台灣省城隍廟──城隍爺

台灣省城隍廟──武判官 ▶

◀ 台灣省城隍廟──文判官

意傷生而放棄投胎機會，善心可嘉，派他擔任城隍等，都是兒童文學的主要素材。

民間傳說，人死後，靈魂先被七爺（謝將軍）、八爺（范將軍）拘捕到城隍廟，經過判決後，由枷爺、鎖爺連同生死簿一起移送到閻王殿，城隍廟裡的鐵算盤就是用來計算功過之用，判決確定後，牛頭、馬面站在奈何橋，依據判決內容讓路升天或踢入地獄。

判官是地方長官的幕僚，輔助長官處理政事，因城隍爺綜理陰陽，白天處理陽間的事，晚上審理陰間的事，好像陰間的地方官，組織編制和府、州、縣制相同，侍從設置判官，文判官相當等於衙門的左典史，左手握有生死簿，調查人民素行的善惡及壽夭，執行各司的判文或檢閱記錄；武判官相當於右典史，對於犯行業已判明者，執行刑罰。而城隍廟的擺設就像衙門，桌上放置城隍爺辦案的工具，牆上掛的是被告與聽審的牌子與各式各樣的刑具，讓人進入廟裡，就像走進衙門一般，因為屬於陰間的衙門，城隍廟裡題有「爾來了」、「你也來了」的匾額，讓人心理自然的嚴肅起來，這份教化的功能，對匡正社會風氣具有積極的作用。

部份城隍廟，掛有明鏡與大算盤，一來顯示城隍爺的公正無私，二來勸戒世人，「千算萬算，不如天算」，意指人們在城隍爺面前，不管如何辯解，只要城隍爺將算盤一撥，是非功過全部一清二楚。

▲ 台北霞海城隍廟──城隍夫人

▲ 台灣省城隍廟──城隍夫人

七爺、八爺

城隍廟的七爺與八爺是城隍爺的部將，因為他們排在二位判官與四爺之後，故稱為七爺、八爺。七爺身高約1丈4尺，頭戴白帽，上書「一見大喜」，口吐紅舌，眉頭緊鎖，一臉惶恐狀，身穿白袍，右手拿一把羽毛扇，傳說扇子的每一根羽毛，都寫著惡人的名字，左手拿令，又稱白無常，或長爺，俗名謝必安。八爺矮胖，高約5尺，頭戴黑帽，面色黝黑，額頭皺紋甚深，眼眶深

▲ 台北霞海城隍廟──七爺謝必安

陷，瞳孔突出，嘴巴開啟，有憤怒神色，身穿黑袍，左手拿著「賞善罰惡」的牌子，右手持枷鎖鐵鍊，又稱黑無常或矮爺，俗名范無救。在城隍廟中，這兩位專差的形狀叫人懾服，為提醒世人應敬神畏鬼，故有人說：「謝必安，酬謝神明則必安；范無救，犯法的人無救。」。關於七爺八爺生平的傳說很多，較著名的有二說：

◀ 台北霞海城隍廟──八爺范無救

相傳謝、范二位是唐朝人，安祿山叛變，唐明皇避難西蜀，張巡、許遠死守睢陽，張巡派謝、范二將出城求援，謝必安身材高大腳程較快，首先遇敵受擒，被吊死城頭，范無救雖藏於城門河畔，卻不慎溺

▲ 七爺謝必安

水而死，後來睢陽城因兵疲糧盡而告失守，張巡、許遠死後被封為城隍爺，謝、范二人就成為其身旁的護衛將軍。另說：謝、范二人，年輕時就結拜，兩人的感情極好，一日，二人相約出遊，走到南台橋，忽見天空佈滿烏雲，很快就要下大雨，七爺回家取傘，不料，豪雨讓河水暴漲，八爺為了遵守約定未離開橋下，竟因身材矮小，被水淹

▲ 八爺范無救

死，當七爺拿傘趕回，發現八爺屍體緊抱橋柱，七爺痛不欲生，欲投河自盡，卻因身材高大，河水不夠深，於是改吊死在樹上，玉皇大帝為表彰二人的義氣，命他們擔任城隍爺的護衛，負責捉拿在陽世作奸犯科的人。

◀ 大稻埕慈聖宮—

大稻埕慈聖宮——七爺 ▶

又說：謝必安是個孝子，家裡只有一位老母親，有一次受到朋友的牽連犯了官司，被抓到牢裡；范無救為人正直，是牢房的牢頭。過年時，牢房為犯人準備年夜飯，范無救看謝必安不但沒吃年夜飯且在哭泣，問他哭泣的原因，謝說：「我家有一老母親，是生是死不知道，所以傷心得吃不下飯。」范無救私自將謝必安放回家去探望老母親，約定7日後，謝必安要回來報到。當謝回到家時，母親因病去世，他料理完後事再趕路回去，卻耽誤7天的約定，范無救因為謝必安未依約回到牢房，受連帶處分而服毒自殺，所以八爺的臉是黑的；謝必安回到牢房，見范無救因他而自殺，也悲痛的上吊自殺，所以七爺的舌頭是吐出來的。兩人死後，玉皇大帝感動他們講究信義的精神，封謝必安為白無常謝將軍、范無救為黑無常范將軍。兩人的職責是當人陽壽已盡，負責帶到陰曹地府報到。

台北霞海城隍廟──七爺

台北霞海城隍廟──八爺

王爺

王爺也稱千歲、千歲爺、大人、老爺、溫王（瘟王）、代天巡狩等。在民間，王爺的種類眾多且複雜，包括石頭公的自然崇拜、鄭成功的英

▲ 松山東隆宮——王爺

靈崇拜、義民爺的亡魂崇拜、溫王的瘟神崇拜、其他神明的泛神崇拜。王爺幾乎成為台灣神明的代名詞，因此有句俗語說「大仙的王爺公，小仙的王爺子」。就神明類別及廟宇，王爺廟的數字都是台灣廟宇之冠。

就台灣王爺信仰類型，可分為戲神、家神、英靈、鄭王、瘟王五支系統。雖然各家對瘟神的由來說法不一，但在台灣民間信仰中，已將其演變成代天巡狩的千歲爺。王爺較常見的姓氏為趙、康、溫、馬、蕭、朱、邢、李、池、吳、范、姚、金、吉、玉、周、岳、魏、雷、郭、伍、羅、白、紀、張、許、蔡、沈、余、潘、陳、包、薛、劉、黃、林、楊、徐、田、盧、譚、封、何、葉、方、高、鄭、狄、章、耿、王、楚、魯、齊、越、龍、殷、莫、將、鍾、韓、沐、虞、蘇、宋、駱、韋、歐、廉、侯、周、萬、萍、瓊、等。

濟公

▲ 濟公活佛

▲ 台灣省城隍廟─濟公活佛

▲ 濟公活佛

濟公是眾多羅漢中唯一家喻戶曉的神明，也是佛教500位羅漢中唯一的漢人。濟公姓李，名修元，又名心遠，浙江台州天台縣人。父親李茂春，母王氏，因年邁無子嗣，常求神佛保佑，某夜王氏夢見一尊羅漢贈送她五色蓮花，接過吞食不久便懷有身孕，夫婦兩人十分喜歡，滿月時宴客，高僧性空前來祝賀，賜名修元。

▲ 濟公活佛

濟公18歲時，父母雙亡，守喪後即前往杭州西湖靈隱寺剃度為僧，住持知道修元是羅漢轉世，前來人間嬉戲，於是收他為門下弟子，賜法名道濟。濟公不守戒律，佯狂且不拘小節，遊行市井間，喝大碗酒，吃大塊肉，酒肉羅漢，行為舉止顛狂放蕩，人們稱其為濟顛。1202年5月16日圓寂。

濟公身穿破僧衣，手拿破扇，面部表情生動，從左面看，滿面笑容，稱為春風滿面；從右面看，滿臉愁容，叫做愁眉苦臉；從正面看，半邊臉哭半邊臉笑，叫哭笑不得、啼笑皆非，每種表情都是人間眾生的生活寫照。

法主公

▲ 大稻埕—黑面法主公

法主公寓意指法術高強的神明，或稱張公法主、都天聖君、張聖公、張聖真君、張法主公聖君等，是福建永春、安溪居民的守護神。傳說是懲罰下界罪人，使善人升天的神明。據說，法主公姓張，兄弟三人均精通武藝，聽說永春九龍潭石牛洞有一條千年大蛇，能化人形，為害地方，兄弟三人決心為民除害，進洞制伏大蛇，只見青煙升天而去，蛇患從此消失，村民認為他們三人已升為天神，於是建廟祭祀，尊奉為法主公。另說，三個結義兄弟，圍攻怪蛇，張姓壯士扼住蛇頭，怪蛇向他噴出一道黑煙，使他顏面變黑；蕭姓壯士在水中拿大斧、砍蛇身時，因怪蛇掙扎而誤傷洪姓壯士的額頭，蕭姓壯士急得滿臉通紅。法主公的三尊神像，分別為黑面、紅面和額部有刀痕者。台灣各地的道士，以法主公主治邪煞，法術高明而崇拜他。

青面法主公

▲ 紅面法主公

法主公聖誕時，舉行迎神會，稱為大龜會，廟方會準備紅龜，供信徒向法主公祈求，稱為「乞龜」。傳說，早年台北法主公廟，乞龜時，要在管事處登記，等到第二年須還願，如果滿三年仍未還願，廟方即將其姓名寫在紅紙並貼於廟牆，俗稱龜上壁。據該廟主事者稱，此一將姓名貼在牆上的習俗已多年不見。

荷葉仙師

荷葉仙師又稱芋葉仙師,是泥水匠,磚作,粉刷等業者的祖師爺。據傳荷葉仙師是魯班的弟子,曾發明泥水匠的工具,致被奉為守護神。

▲ 基隆開漳聖王廟-荷葉仙師

傳說荷葉仙師化身教人製作瓦片,建起房屋,因為技藝超群,許多人想拜他為師,荷葉仙師說:「若要跟從我,請隨我來。」遂跳入窯內烈火羽化而去,徒眾才知道他是仙人化身。因為仙師的小腿有痂瘤,終日以荷葉、芋葉裹傷,故稱荷葉仙師。建築界的祖師爺有魯班、荷葉仙師、爐公仙師等,分別為木工、泥水及鐵工的保護神。

▲ 新竹香山—磚窯

巧聖仙師

▲ 洪坤湖家供奉的魯班像

巧聖仙師是魯班，原為春秋魯國人，名公輸班（般），墨子止楚勿攻宋一節：「公輸子，削木為鵲，成而飛之，三日不下，自以為至巧。」他是傑出的木匠，鑽研木器藝術，研究改革技術，發明合宜的工具，製作木鳶（風箏與飛機的前身），木馬，魯班尺（門公尺），墨斗，墜子等工具。

魯班又名公輸盤或公輸子，因為各階層的人非常尊敬他，感謝他對人類所做的積極貢獻，故將他的名字冠上國名，稱他為魯班或魯般。後世的人，稱其為魯班。

魯班尺是國內工匠使用的重要器具；魯班訂定許多施工準則，即木工製造的依循準則，像門楣大小、房屋座向、開工破土時辰、架屋格式等，事實上，若遵照魯班的大吉建屋法整建房屋，屋主仍然要行善、佈施，才能確保世代興旺。

相傳魯班除能製造飛行的木鳶，9種攻城器械及其他精巧器物外，又造仙人手指吳會，使吳大旱三年。他的技藝為後人所崇敬；故被木作工匠、瓦匠、石匠、漆工、建築業、家具商等視為祖師，尊稱巧聖先師或魯祖；清代官家凡有大工程，必先祭祀禮拜，祈求保佑順利完工；台灣民間稱其為魯班公，尊奉為工藝祖師爺。

月下老人

民間傳說月下老人專司男女感情，白鬚髯髯，面泛紅光，左手拿姻緣簿，右手持枴杖，專門撮合男女的婚姻，採用的方法是用紅線繫住男、女兩人的腳。

▲ 台北霞海城隍廟——月下老人

傳說唐朝時，韋固夜宿宋城，在旅店遇見一位老先生靠在一口布袋旁，在月光下讀書，好像在查什麼資料。韋固趨前問老者看什麼書？老者回答係關係天下人的婚姻書。韋固又問袋中裝的是什麼？老人說：「袋內都是紅繩，男女被綁在一起後，縱使是仇敵、貧富懸殊或住在天涯海角，都將成為夫妻。

韋固覺得有趣，即請教自己的婚事，月下老人翻書查看，笑著對他說：「你的未婚妻，就是店北頭賣菜老太婆的三歲女兒。」韋固覺得無趣，即跑到賣菜老太婆處想傷害該女娃，所幸女娃命大。十餘年後，韋固因立軍功迎娶相州參軍的女兒，發現其妻就是早年月下老人提及的三歲小女孩，驚呀之餘，覺得真是千里姻緣一線牽。宋城的人知道這件事後，稱該客棧為定婚店。此後，大家也把幫人做媒的人稱為月下老人。

隨著時代的演變，月下老人成為時下年輕朋友最常祭拜的神明，祭祀時，要說清楚自己的姓名、年齡、住址，若有心儀的對象，就請月老促成，如果沒有，請月老協助尋覓良緣。依台北市迪化街1段61號台北霞海城隍廟的規矩，第一次前往，要準備貼有「囍」字的白糖、鉛錢等，糖代表喜糖，鉛錢是「有緣」、「有錢」的諧音，拜完後，將鉛錢與紅線放入隨身皮夾，期待良緣的出現。惟祭拜時，誠心祈求即可，不可擲筊。

義民爺

義民爺被台灣的客家人視為守護神，1786（清乾隆51）年，林爽文事件，林先坤、王廷昌、陳資雲、劉朝珍等組成義民軍（有原住民、客家及泉州人）奮勇抗亂以捍衛鄉土，並協助清軍剿亂，1788年，犧牲成仁的義軍2百餘位，義軍回歸時，僱請牛車沿途撿拾忠骸（有繫黑布圈為記），原擬歸葬大窩口（新竹縣湖口鄉），惟牛車過了鳳山溪，拉車的牛竟不聽使喚，經焚香禱告後擲筊，奉義民指示合塚葬於枋寮「雄牛睏地穴」。1862（清同治元）年，戴潮春事件的百餘位義民忠骸亦葬於廟宇右後方。乾隆皇帝感念義民平亂有功，初封義勇，繼封懷忠，三賜御筆褒忠匾額。

▲ 新竹枋寮義民廟全貌

太歲星君

▲ 松山慈祐宮──斗姆神君

太歲即歲神，俗稱太歲君，依六十甲子輪流值歲，當值者稱值年太歲，主管當年人間的禍福吉凶。值年太歲星君輪流辦法，按天干：甲乙丙丁戊己庚辛壬癸十個，與地支：子丑寅卯辰巳午未申酉戌亥十二個，循環相配而得六十，就是十與十二最小公倍數。再以十二種動物名稱：鼠牛虎兔龍蛇馬羊猴雞狗豬與地支相屬，以便利一般民眾記憶。

術數家以太歲所在為凶方，忌掘土建築。論衡曰：「抵太歲凶，負太歲亦凶」自漢代即有此種觀念，庶民為求一年平安，於年初查明值年太歲與自己生肖，如有相抵相負（相沖），即須安奉太歲。

◀ 南港富南宮──太歲

▲ 台灣省城隍廟—太歲

太歲星君指人類一生中的本命歲神，主掌人間的吉凶禍福，六十位太歲星君輪轉一週為一甲子（六十年），以歲次丙子為例，太歲星君為郭嘉司命當值之年，即丙子年一年之中由其專責司察人間善惡，鑑罰世人罪行，又太歲為凶星煞神，民間咸信太歲當頭坐，無災必有禍，故肖鼠逢13、25、37、49、61、73、85、97歲之人皆為氾沖（正沖）犯太歲。

太歲神每年挨移，據《清稗類鈔》云：太歲為凶神，凡太歲所在之地起主興工，所食之地必有災殃，太歲循天運時令，依地支十二字配合十二生肖之運行，衍生子午陰陽相剋，遂有犯沖與犯刑之子午相刑剋，從犯沖（正沖）年屬往下順推加六數為犯刑（對沖）年屬，以丙子為例，肖鼠屬犯沖太歲。肖馬逢7、19、31、43、55、67、79、91歲之人為犯刑，沖氾太歲，俗謂太歲出現時，無病也破財。由於天上星宿有制衍，人間庚命有相成，犯太歲之人為祈求上蒼免除三災九橫，惡厄加身，必須安奉太歲以制凶星煞神，而達禳災解厄、植福消衍之目的，保佑長年平安順利，迪吉盈門。

虎爺

虎爺屬於動物崇拜，傳說有老虎的兇悍威力，具備驅逐疫癘和惡魔的功力。虎爺分天虎、地虎兩種。天虎供奉於桌上，地虎供奉於主神案桌下。天虎供將軍騎御，執行神務；地虎藏身案下，管理廟內，驅逐妖邪，嚇走凶神惡煞。民間認為虎爺是土地公的坐騎，又說：「兒童腮腺炎時，用金紙撫摸虎爺下頷，然後擦拭患部，可消腫痊癒」。一般廟裡不叫虎爺，稱為黑虎將軍或虎爺將軍，不是供主神騎用，而是鎮守寺廟的地神。虎爺的造型有虎形，與老虎形態相似，有黃色及黑色兩種；人身虎頭，即半人性化的動物神；人身人頭，但戴虎頭帽，穿虎皮衣，有純真善良的神威，高而肥寬的鼻孔，圓突的大眼睛，兩腿前伸作虎視眈眈狀，嘴角兩端露出尖銳的牙齒，具兇猛的氣概。

▲虎爺

▲ 虎爺

◀ 虎爺

▲ 台北霞海城隍廟──虎爺

門神

富無驕閣境邊行長庇祐

神

門神是守衛門戶的神明，功能在祛除邪祟、騷擾和進犯，有文、武門神之分。源於遠古時期的庶物崇拜，商朝天子祭五祀，門是其中之一，周代祭五祀於宮門，且逐步將門神形像化及人格化，種類且逐漸增加。漢朝的門神分別為神荼、鬱壘，神荼、鬱壘是專捉小鬼，降伏邪魔的鬼王，擔任防衛家門、驅趕邪魔的任務；唐朝增加秦叔寶、尉遲恭和鍾馗等。宋、元之後，門神的種類更多，民間流傳的門神，以武將為主，因為這些武將戰績顯赫，能鎮鬼驅邪，使其無法越過門檻，讓住家更加安全。近年的門神除原來驅邪的功能外，也有採招財、祈福者，甚至強化其裝飾功能。

寺廟的門神以孔武有力，具保護功能的武將為主，惟佛教與道教有別，前者三川殿中間門神以韋馱、迦藍為主，後者以神荼、鬱壘或秦叔寶、尉遲恭為主，也有用哼哈二將者。至於其他門的門神，有招財或祈福的寓意，如早期的文官、太監或宮娥，晚近則極具創意之能事，但終極目的都是祈求吉慶，如和藹可親的文官，手中所持之器物，即象徵加冠晉祿、招財進寶。民宅亦貼加冠晉祿的圖像，或祈求長壽安康的彩繪，如東方朔或麻姑。

▲ 國立歷史博物館的門神

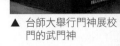

▲ 台師大舉行門神展校門的武門神

24節氣當門神

松山慈祐宮後殿二樓太歲殿側門以24節慶神作為門神。24節氣係根據地球繞行太陽公轉的黃道線劃分出來，黃道一周365度，一年4季，每一節氣15天，每一季分6個節氣。陽曆每隔4年增加1天，即閏2月，因此每年的節氣日期都不相同。先民利用24節氣作為生活依據，松山慈祐宮擔心年輕人對這種節氣不解而失傳，於是在太歲殿立春神、雨水

▲ 松山慈祐宮──24節氣門神

▲ 松山慈祐宮──24節氣門神

▲ 松山慈祐宮——24節氣門神　　　▲ 松山慈祐宮——24節氣門神

神、驚蟄神、春分神、清明神、穀雨神、立夏神、小滿
神、芒種神、夏至神、小暑神、大暑神刻在左側；立秋
神、處暑神、白露神、秋分神、寒露神、霜降神、立冬
神、小雪神、大雪神、冬至神、小寒神、大寒神畫作神
仙，立於右側，每幅都繪得栩栩如生。

廟會的八家將

一、源起

　　最近幾年，台灣許多行之有年的民間活動有再度抬頭的趨勢，縱使繁華如台北，亦經常舉行傳統的民俗活動，這些傳統民俗和生活息息相關。

　　台灣最早的家將稱八家將或什家將，主要成員為甘爺、柳爺、謝爺、范爺、葫蘆、蓮花、虎面、鳥面等八位將爺，後來增加其他家將而稱什家將，有眾家將的寓意，至於官將首或八將則屬於晚期發展出來的巡捕組織。八家將源自福州，最初傳至台南的白龍庵，該庵供奉主神為五福大帝，後來逐步傳至北部地區，做為廟會活動的護衛，因而形成不同的特色，大底南部注重符籙，北部注重拳路；雲嘉地區稱八家將或什家將，桃竹以北地區則稱為官將首或八將。

　　家將以武將裝扮，是廟宇主神的護駕差爺，具趨邪、鎮煞、解厄、消災、治病等功能。因動作狂野，廟會出巡時，擔任開路押陣，降魔緝妖，協助保境，活動時展現的舞蹈，因融合民間音樂、武術、戲劇而被納入雜舞。

二、安館

　　家將出軍前需要安館，置長條桌板，上面放置頭盔及

刑具，兩旁放椅子，上面披著將爺的服裝，下面放隻草鞋；若在外地舉行，通常借用廟埕搭壇或選擇清境的地方設置臨時行館，淨身焚香，直到出軍任務完成，退神後，才燒甲馬財帛謝神撤案。

三、開臉

不論八家將或什家將，都是保護神轎的家丁，其遠祖是大儺，為了嚇退惡鬼，或將鬼吃掉以趨除疾疫，臉譜通常畫成兇神惡煞的形狀，出巡當天依序穿好衣服、靴子，依小差、甘柳、謝范、四季、文武判的順序，列隊於神轎前，由面譜師焚香稟告，逐一燒符咒畫圓圈，施法除去邪念的淨身後，再依序畫上臉譜，稱開面。臉譜和服裝代表神威，開面後就是神明的家將，需要遵守相關規定，不可以隨便講話或吃葷，以免冒瀆神明，惟臉譜師畫家將的臉譜時，和主神應稍有差別，不能畫得太像，以免因太像被誤認而附身。

家將臉譜最重要的部分分為雁子、老鷹、蝙蝠。雁子取其言而有信，如文差爺，所以文差爺的眼睛是一對展翅的飛雁；老鷹取兇猛、銳利的眼神，如武差爺、甘將軍，武差爺的眼睛是老鷹，額頭是亞字，甘將軍用鷹眼，但臉採用陰陽臉，通常是從鼻樑一分為二，或斜分一半，柳將軍是大小眼，俗稱目尾，部分柳將軍畫歪嘴，部分不畫；

蝙蝠取其讀音與福字同音，如謝將軍。謝將軍的大蝙蝠眼睛，表示可以賜福，額頭是大紅的中字。范將軍的個性又烈又急，臉上畫滿火燄，但也有畫上古錢，俾為人帶來財運。

▲ 八家將在台北市延平南路

　　部分家將的臉譜用蛇、龍、豹、鳥等靈獸，顏色採用金色，或以漸進的用色方式呈現，傳統以白、黑、紅、水、水綠色為主。畫師大部分自行調配顏色，白色使用最多，成分包括甘油、牙膏、痱子粉等可以止癢的材料，調好先行蒸熱，過程頗為繁複。黑色的材料以鍋灰、松煙調配，其他的顏色以進口貨為主，尤其是自日本進口者。不論進口或自行調配的顏料，必須以不傷皮膚為第一要務，至於圖案的表現，分為勾勒與填色兩種。

春夏秋冬四季神明的圖案，與觀世音菩薩有關，大部分畫在額頭上，分別為葫蘆、蓮花、大鵬鳥和老虎等，葫蘆是觀世音菩薩的淨瓶，蓮花是觀世音菩薩的蓮花座，大鵬是伺從，老虎是坐騎金毛吼。

四、操演

操演的主要內容是捉拿要犯或鬼魂，有攻擊和圍捕的動作，行進的步法及所持的兵器，有一套嚴謹的規定，最前面的是挑刑具的什役，其次是文武判官，後面才是八家將，陣容依序為接令傳令的文武雙差，負責抓拿的范、謝將軍，執掌刑罰的甘、柳將軍·最後的四季大神，負責拷問。進退複雜，變化多端，每步都有咒語，走俗稱虎步的八字步，擺動雙臂及法器，用誇張的動作壯大聲勢和陣容，俾收鎮嚇之功，圍捕時最常行走的步伐是七星步，踏四門擺八卦陣。

到廟宇時，由什役代表全陣晉見主神，行三進三退禮。雙雙配對相向輪轉作雙打、四打或齊打的動作，其時機視圍捕的情形，由主事者視臨場狀況予以反應；八家將操演時，隨著鑼鼓、音樂的節奏，配合頭部晃動、移轉，或跳或躍，或立或跪，前後穿梭，左右鑽動，自然巧妙且誇張的神情，呈現神祕的奇特舞姿；操演結束時，在什役指揮下，雙雙快速的跑到廟門或殿前，行半鞠躬式的謝神禮，再退場休息。

五、家將組織

台灣家將團的人數不一定，有7人、8人、10人、13人、甚至24人，最常見的家將為12人，包含最前方抬刑具者計13人。

（一）、什役：負責抬刑具，走在家將團的最前端，刑具有兩種，分為方形與鯉魚形，方形刑具拎男性，鯉魚形拎女性，刑具除了主體外，常掛有小型皮鞭（打身體）、皮鞋背（掌嘴）、手釘、腳釘、炮烙等刑具，小型刑具拍擊的聲響，指揮家將行進的步伐。

（二）、文武差：大部分由小朋友扮演，走在什役後方，文差繪白紅花臉，手拿令牌，文差負責接令；武差繪小蝙蝠臉，手執令牌，負責傳令。兩者都穿虎皮衣。

（三）、甘將軍和柳將軍：手持板批，穿黑衣或青衣，露肩，甘將軍為紅黑陰陽臉，柳將軍為白面黑章魚足形臉，和謝、范二將（七爺、八爺）合稱前四班，是家將團中的重要人物，負責外勤巡捕的工作。

（四）、謝將軍和范將軍：謝、范二將即民間熟悉的七爺和八爺，謝將軍左手持羽扇，右手持枷鎖或火籤，身穿白衣頭戴白高帽，行白鶴拳，大蝙蝠臉；范將軍右手持方牌

▲ 台北霞海城隍廟前的陣頭

加鎖鏈，方牌寫著善惡分明四字，左手持羽扇，穿黑色衣服，頭戴黑圓帽，行猴拳。謝、范兩將軍是家將團的主角，通常由團中身段最好的人扮演，故欲判斷一團八家將是否訓練有素，觀察謝、范二將的身段即可明瞭。

（五）、春夏秋冬四將：即民間常說的四季審堂，四將的職責和甘、柳、謝、范四將不同，甘、柳、謝、范負責出外巡捕，四季審堂在主神開堂審案時，站在兩旁協助拷問，依照傳統五行的觀念，春季神屬東方青龍、穿青色衣服、繪龍面、拿木桶；夏季神屬南方朱雀、穿紅色、鳥面，拿火盆；秋季神：西方白虎：白色、虎面、拿金瓜錘；冬季神：北方玄武、黑色、蓮花面，拿蟒蛇。器械和審問拷打有關，如犯人受刑過重昏厥時，木桶可以潑水使之甦醒，火盆做為炮烙之用，金瓜錘用來敲頭，蟒蛇逼嚇

▲ 神將行經中山堂前

犯人說實話，相對於甘、柳、謝、范的前四班稱號，四季
審堂被稱為後四季，但台灣家將團的四季神，很少依照上
述裝扮，不論服色或臉譜和傳統五行的觀念都有差異。

（六）、文武判官：文武判官是家將團中官位最高者，因
為表演性不高，不似前四班或後四季受人囑目，通常文判

官身著藍衣，右手持毛筆，左手持生死簿，有時戴眼鏡，主要職責在記錄口供，面譜為平常面，即只上一層粉底，沒有特殊的花紋；武判官身穿紅色衣服，手持鐧，主要職責是押解犯人，此二人為主神貼身助手，或許是近水樓台先得月的關係，這兩人升遷的機會通常較多，變動性較大。

六、八家將陣法

　　早期八家將陣法的傳授以師徒相傳為主，隨著社會型態的變更，部分陣法已經失傳，尤其較複雜的陣法，因擺陣耗時且難以傳授，故很難完整的流傳下來，惟八家將平常的表演即有一定的陣法，若平時能了解及熟悉其陣法，觀賞時，就可以獲得較深刻的領悟，否則只見他們不斷的變換位置，卻不曉得含意是什麼？

　　八家將行進時以八字步（又稱虎步）為主，變換位置時以左右二人為一組，如文差對武差、甘將軍對柳將軍，以此類推，變換時不斷以照面（以羽扇遮面且和對方相望的動作）的方式互換位置，變化位置時，陣法即已包含在其中，如甘、柳、謝、范四將可以各自控制布陣的四個角落，再往中央集中，寓意包圍假想犯人於陣中，使其不能脫逃，往中央集中就是將犯人緝捕，即所謂四門陣，而四門陣也是最常見的陣法之一，此外，前四班加上後四季八

▲ 行經台北北門的八家將

個人，可將四門陣擴充為八卦陣，八卦陣變化較多，可以變化為內八卦、外八卦、龍虎八卦。七星陣也是家將的常見陣形，作用在於主動攻擊。

　　現在的廟會，陣頭和神轎眾多，在講究時間就是金錢的觀念下，不容易見到八家將將陣法從頭擺到尾，通常都是簡單的拜廟或是加些小技巧，如：叉籤、放寶、坐寶、探爐、閃身踢、閃身照面等。

七、禁忌

　　早期八家將的規矩甚多，參與活動的人員禁吃牛肉、

狗肉、蛇肉、螺肉和自己生肖所屬的肉類，這五種肉類稱
五毒。出陣前三個月左右，就要練習，出陣前三天禁止女
色，全天吃素，不可以抽煙、賭博，出巡當天畫上臉譜
後，不可以開口說話、隨便蹲踞，吃東西或飲水必須以扇
掩面，更不可以隨便脫離隊伍，禁止嬉戲、打鬧。惟這項
傳統未被嚴格執行。

　　器械和衣服忌諱被女性碰觸，出巡時，分兩列前進，
除非為信徒改運，絕對禁止閒雜人士由行列中間穿越。

▲ 北台灣媽祖文化節金面媽祖拜會台灣省城隍廟神明拜廟前導的八家將

至聖先師

孔子名丘，字仲尼，生
於周靈王21年（紀元前551
年）農曆8月27日，魯國
昌平鄉人。父名叔梁紇，
母顏氏。因係次子故曰
仲，又因孔父向尼山山神
祈求獲得的兒子故命名
尼。

▲ 孔子像

▲ 孔子像

孔子3歲時，父親去世；19歲娶妻官氏，
翌年生子伯魚。孔子好學不倦，22歲，教學
鄉里，曾學琴於師襄子、問禮於老聃（老
子）、學樂於萇弘。周敬王4年，魯國大亂，
孔子前往齊國，深為齊景公所賞識，返魯
後，修詩書禮樂，跟隨弟子日多。51歲，升
任魯國大司寇，攝相輔政，誅亂臣、齊禮

儒教

台灣神明的故事

▲ 台北孔廟藻井

▲ 台北孔廟的孔子牌

▲ 台北孔廟大門

▲ 台北孔廟祭孔大典

樂，國政大行，民風敦厚，魯國大治，齊國因地緣相近深受威脅，於是選80位美女送給魯君，魯君終日沈迷樂舞，不問政事，孔子遂罷政辭官出遊列國。68歲，始返魯國，從此刪詩書、定禮樂、贊周易、作春秋，門下弟子3千人，奠立因材施教，誨人不倦的典範，紀元前479年辭世，享年73歲。魯哀公於曲阜孔子故宅建廟供奉，唐玄宗設孔子座像，後世尊孔子為至聖先師，其歷代褒封褒城宣尼公、文聖尼父、太師、隆道公、玄聖文宣王、至聖文宣王、大成玉聖文宣王，明世宗嘉靖9年，諡為至聖先師。清世祖順治定文廟，列為朝庭祭典。

史記孔子世家贊：「天下君王，至於賢人，眾矣！當時則榮，沒則已焉！孔子布衣，傳十餘世，學者宗之。自天子王侯，中國言六藝者，折中於夫子，可謂至聖矣。」

萬仞宮牆

▲ 台北孔廟萬仞宮牆

編著後記

兒時住的三合院，正廳供奉有觀世音菩薩和媽祖，逢年過節，全莊住著葉廣田公派下的子孫，都要準備牲禮前往祭拜，農曆除夕拜天公時，全莊要起個大早一起祭拜，大家也藉這個機會相互請安問好。若是過節或插秧、割稻完工，另要祭拜土地公；過年或較重要節日，要到距住家約兩公里的祠堂祭拜祖先；過年或觀音、保生大帝生日，另要準備牲禮到五、六公里遠的觀音甘泉寺及保生的溥濟宮或永安的保生宮祭拜。每年春節過後三月二十三日以前，由村長率領村民帶著家中供奉的媽祖令旗到北港朝天宮進香，是村裏一年一度的盛大活動；另每年秋收後的農曆十月，會舉辦平安戲，祭拜三官大帝，俗稱三界公，印象中，媽媽好像為拜拜而活，每年開始，就要為下半年或明年的拜拜籌謀牲禮，家中的雞、鴨、鵝，其飼養期大部份是為祭拜神明牲禮而預為規劃。

媽媽拜神極為虔誠，理由是我們能夠安身立命而且有些許的長進，完全是神明和祖先的保佑，拜拜時，不容許犯下任何錯誤，年少無知的時期認為簡直就是迷信。年事漸長，發現祭祀是傳諸久遠的傳統，不同地區有不同的信仰，祭拜不同的神明，拜拜的儀式也有差異，惟不論拜什

麼神，神明保佑信眾的功能完全相同，逐漸體會媽媽的用心，但對眾多神明的淵源或故事，始終似懂非懂，直到擔任大稻埕逍遙遊導覽義工，因為介紹廟宇，而認識其供奉神明的故事與特色，為讓導覽的內容精彩些，蒐集相關神明的資料，發現先人看似平常的行為模式，每件都具備教化人心的智慧。

因為導覽大稻埕逍遙遊而認識台北霞海城隍廟負責人陳文

文，她接掌管理人的經歷奇特，好像冥冥中獲得城隍爺的指定，而她的努力，也沒有讓城隍廟失望，來自海內外的信眾，帶著希望回家的神情是她終年辛勤工作最大的收穫。

▲ 霞海城隍廟負責人陳文文

應陳光憲先生之命，為台北覺修宮編著該宮建宮一百週年慶特刊，發

現廟方的董監事，都是虔誠的義工，三校時，同事告知其友人對該宮孚佑帝君的靈驗有親身的體驗，訪談時，發現神奇的事情竟然在號稱科學昌明的時代出現，過程又是如此的不可思議？但他應該沒有編故事的必要。

▲ 台北覺修宮董事陳光憲

編著松山慈祐宮兩百五十週年慶特刊，純是一種機緣，對於陳玉峰總幹事和該

▲ 松山慈祐宮陳玉峰總幹事

廟董監事的熱心，讓這座原來保佑松山十三街庄的地方廟宇，成為全國性的知名媽祖廟，為該廟主持學術講座時，陳玉峰總幹事和林江河副館長每次都出席，對講師表達尊重，對參與的朋友表示感謝，凡事為神明、為信眾設想的思維，是松山慈祐宮能夠遠近馳名的主因。

為南港富南宮編著建廟三十八週年慶特刊－南港的故事，張朝買主任委員和地方熱心人士為土地公和媽祖無私的奉獻，累積許多創意的新作為，讓南港富南宮在短短的三十餘年，成為南港居民的信仰中心，大台北地區知名的媽祖廟。

▲ 北台灣媽祖文化節台灣省城隍廟益壽董事長與南港富南宮張朝買主任委員的董監事

應台灣省城隍廟董事會之邀為該廟主持學術講座，有機會與胡益壽董事長和三十幾位董監事成為好友，發現他們為廟宇服務的熱忱，都是高人一等，每逢廟裏舉行慶典或活動，即放棄手邊的工作，到廟裏協助，讓信眾獲得最好的服務，使得台灣省城隍廟

成為全國城隍廟聯誼會的龍頭大哥。

▲ 陳延昶老師

什麼力量趨使這麼多的社會菁英，願意暫時放下手邊的工作，投入廟宇的服務，這個思維，燃起對神明故事的興趣，注意拜拜為信眾產生的驚人效果，雖然每次到廟裏拜拜或祈求，神明都端座神案且從未發言，信眾祈求的願望，又未必能夠完全實踐，惟在祭拜過程中，神明給予的希望，讓其感受到神明將保佑其心想事成，這股積極的思維，成為安定社會的力量，甚至如蝴蝶效應般，擴大其影響力。

承溫送珍先生的厚愛，我們成為忘年交，出身苗栗農村的他，兒時到台北打拼，事業有成後，積極從事公益活動，身段圓融，與世無爭，優雅的背影，讓其獲得鄉親給予客家大老的尊稱，我們認識愈多，了解也越深，發現他有神就拜，有廟就捐，獨資捐建中國樂山大佛前凌雲寺的大雄寶殿和觀佛樓，也捐贈寒山寺的香爐，讓到那兒拜拜的香客藉著香爐和神明溝通；至於台灣的許多廟宇，香爐、龍柱或鐘鼓樓等，更是無所不捐，這份用心，源自年輕時候就恭迎開漳聖王回家供奉祭拜，而開漳聖王也沒有因為他

不是漳州人而有任何差別待遇，仍然保佑他事業順利，家庭美滿，能夠為更多人的福祉奉獻心力。

整理資料時，發現神明的故事，雖然頗多傳說，但每項經歷千百年的流傳，具有教化人心的功能，不論考城隍的：「有心為善，雖善不賞；無心為惡，雖惡不罰。」或司命真君指示，不論做再多的好事，若以沽名釣譽為出發點，終將徒勞無功。承溫送珍先生的鼓勵，指示應將這些資料出版成冊，讓更多的朋友知道神明的無所不在，若能多做好事、講好話，社會自然充滿詳和之氣。

▲ 樂善好施，將成就歸功神明保佑的溫送珍夫婦

參考資料

⊙西遊記
⊙封神榜
⊙三國演義
⊙大龍峒保安宮
⊙謝榮宗編著台北霞海城隍廟
⊙林衡道編著台灣的歷史與民俗
⊙蔡相煇著台灣民間信仰
⊙蔡相煇著台灣的天妃與媽祖
⊙葉倫會編著南港的故事
⊙葉倫會編著松山慈祐宮兩百五十週年慶特刊
⊙龍山寺建廟兩百六十週年特刊
⊙卓克華編著從寺廟發現歷史
⊙國立歷史博物館歷史文物
⊙維基百科全書
⊙大稻埕霞海城隍廟修復建議案
⊙程曼紹編著諸神的由來
⊙馬書田編著華夏諸神佛教卷和道教卷
⊙仇德哉編著台灣廟神大全
⊙仇德哉編著台灣之寺廟與神明
⊙楊仁江編苗栗中港慈裕宮調查研究
⊙宋光宇編著宋光宇宗教文化論文集
⊙董芳苑編著台灣民間宗教信仰
⊙王見川、李世偉台灣的宗教與文化
⊙台北市政府民政局編神佛源流(2006年)
⊙阮昌銳：傳星集, 教育部海外雜誌。
⊙朱天順：媽祖的起源及其在宋代的傳播，廈門大學學報，1986年
⊙泉州海外交通史研究博物館調查組：天后史跡的初步調查，1987年
⊙東隆宮家將介紹。
⊙訪談對象：台北霞海城隍廟負責人：陳文文；蒐藏家：楊蓮福。

希望之光 ——

台灣神明的故事

台灣鄉土故事系列——ST001　　　　　　　　2007年7月

編　著　者：葉倫會

美術編輯：J.S

責任校正：葉倫會

攝　　　影：葉倫會、謝華昇、葉俊閔

出　版　者：蘭臺出版社

地　　　址：台北市中正區開封街一段20號4樓

電　　　話：(02)2331-1675　　傳真：(02)2382-6225

劃撥帳號：18995335

銀行帳號：合作金庫城中分行：5045-717-513888

網路書店：http://www.5w.com.tw

　　　　　　e-mail：lt5w.lu@msa.hinet.net

網路書店：博客來網路書店　http://www.books.com.tw

　　　　　　中美書街　http://chung-mei.biz

香港總代理：香港聯合零售有限公司

地　　　址：香港新界大蒲汀麗路36號中華商務印刷大樓

　　　　　　C&C Building,36,Ting Lai Road,Tai Po,New Territories

電　　　話：(852)2150-2100　　　傳真：(852)2356-0735

出版日期：2007年7月初版

定　　　價：新臺幣 250 元

ISBN 978-986-7626-50-9